AF429837

EVOLUCIÓN DEPORTIVA E HISTÓRICA DE LOS BOTES DE VELA LATINA EN LAS PALMAS DE GRAN CANARIA: 1776-1962

Moisés Morán Vega

ÍNDICE

Introducción

La historia de la Vela Latina Canaria es muy rica y tenemos mucha información, sobre todo a partir de los años sesenta del siglo pasado, pero también contamos con información de los años anteriores, desde mediados del siglo XIX en adelante.

Los datos obtenidos nos permiten tener una idea, más o menos clara, de cuál ha sido la evolución de este deporte náutico.

Así podemos establecer una serie de etapas que se distinguen a lo largo del desarrollo y evolución competitiva de la vela latina canaria.

La primera etapa, 1876-1908, es la que se desarrolla desde mediados del siglo XIX hasta comienzos del siglo XX, que tiene como característica principal el origen de la competición de los botes de vela latina, en la que se celebran las primeras regatas de botes.

La segunda etapa se desarrolla en siglo XX, desde 1909-1932 y que se caracteriza, fundamentalmente, por la participación del Real Club Náutico de Gran Canaria en la organización de las regatas de botes de vela latina y la evolución del deporte.

La tercera etapa se desarrolla durante los años 1933-1945, con la Sociedad de Regatas Ahemón como ente vertebrador de las inquietudes de los dueños de los botes y de los aficionados

La cuarta y última etapa, 1946-1962, se caracteriza por un parón, casi total de la actividad deportiva, con regatas puntuales; 16 años sin que hubiese ningún tipo de competición reglada, pero con las fundamentales iniciativas particulares que fomentaron el resurgimiento de las regatas de botes de vela latina.

A lo largo de este libro iremos desgranando y aportando datos sobre estas distintas etapas, que nos van a permitir tener una idea más clara del desarrollo y evolución competitivo de los botes de vela latina canaria.

Primera etapa: 1876-1908. Origen y desarrollo de la competición de los botes de vela latina canaria.

Esta primera etapa comienza en la mitad del siglo XIX y finaliza a comienzos del siglo XIX, cuando el Real Club Náutico de Gran Canaria comienza a organizar algunas las regatas de botes de vela latina canaria.

Esta etapa se caracteriza porque en ella se encuentra el origen competitivo de los botes de vela latina canaria, ya que es en ella donde los botes comienzan a competir entre ellos y se establece una estructura deportiva inicial de este deporte, aportando los elementos que la conformarán, en un futuro, de forma definitiva, esto es, campo de regatas, jueces de regatas, participantes, premios, organizador oficial, etc.

Como he comentado en otra obra mía, podemos afirmar, con los datos en la mano, que el origen competitivo de los botes se tuvo que dar a mediados del siglo XIX, y las primeras pegas se realizaron durante las fiestas, en concreto durante los festejos de San Pedro Mártir, ya que existe suficiente documentación periodística y oficial que demuestran que las primeras regatas tuvieron lugar en estas fechas.

Así hemos encontrado un primer dato en el programa de fiestas de San Pedro Mártir, donde se programa una regata para el 1 de mayo de 1876:

«Día 1: A las cinco de la tarde, cucañas marítimas y regatas de botes con varios premios, durante cuyos juegos habrá música en el muelle de esta ciudad.»

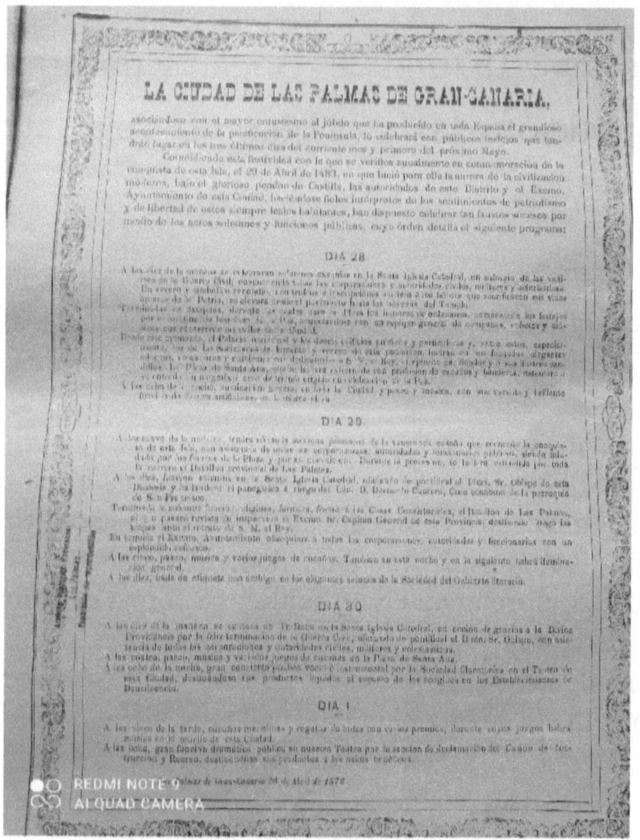

Programa de fiestas San Pedro Mártir. 1876. Fuente: Archivo Histórico.

Esta regata también se anuncia en la prensa local:

«Día 1. A las cinco de la tarde, cucañas marítimas, y regatas de botes con varios premios, durante cuyos juegos habrá música en el muelle de esta ciudad. (La Prensa, 1876).»

Sin embargo, como puede ser lógico, los investigadores estamos convencidos de que esta no fue la primera regata, ya que existen datos que indican que, con anterioridad a esta fecha, ya se había realizado alguna regata entre botes de vela latina, como así lo demuestra la prensa local de la época.

Así, el periódico La Tregua publicaba en 1874 la siguiente noticia:

«*Por la tarde cucaña marítima en el muelle y regateo de botes desde dicho punto al puerto de La Luz, con tres premios que se distribuirán de esta manera: al bote más andador, o sea el que primero llegue al puerto, ochenta pesetas; al segundo, cuarenta, y al tercero, veinte.*»

Lo cierto es que esta regata anunciada no llegó a celebrarse, pero la noticia en sí es muy reveladora porque viene a demostrar que había la intención de realizar regatas entre botes de vela latina. Estas regatas tenían una mínima estructura deportiva y había un sentimiento competitivo entre los propietarios de los botes de la ciudad de Las Palmas de Gran Canaria y este sentimiento competitivo se ponía de manifiesto, tanto en la prensa local como en los programas oficiales de las fiestas populares.

Otros datos aportados por otros investigadores, como es el caso de José Daniel Rodríguez Zaragoza, apuntalan lo planteado anteriormente y vienen a demostrar que había una intención clara para realizar regatas entre botes de vela latina.

José Daniel Rodríguez Zaragoza aporta una serie de datos que obtiene en el Registro de Buques de Las Palmas y en su artículo: «Así empezó todo. 1.- Los botes de vela latina canaria» de su blog «Apuntes de la historia marítima de Canarias.», pone de manifiesto que en 1866 ya se construían botes de Vela Latina exclusivamente para el recreo. Rodríguez nos dice: «*[...] siguiendo la pista en el Registro de Buques de Las Palmas, la primera embarcación que figura como realizada estrictamente para el recreo en la lista cuarta del Registro de buques de Las Palmas, [...] fue la que figura en el folio 14, se construyó en 1866, y era un bote, que se llamaba, curiosamente, «Eolo». Fue construido por el carpintero de ribera Don Antonio Herrera.*»

Siguiendo con el artículo de Rodríguez, encontramos que el registro de botes para el recreo y el regateo no se queda ahí, ya que en 1872 se matricula otro bote, el «Neptuno» y en 1874 otro más, el «Cristóbal Colón» con parecidas dimensiones.

Después, en 1876, se registran dos botes que ya nos suenan más y no son otros que «El Canario», que tiene 5.90 metros de eslora, 1.88 metros de manga y 0.74 metros de puntal y el «Marino», con 6.15 metros de eslora, 1.94 metros de manga y 0.71 metros de puntal.

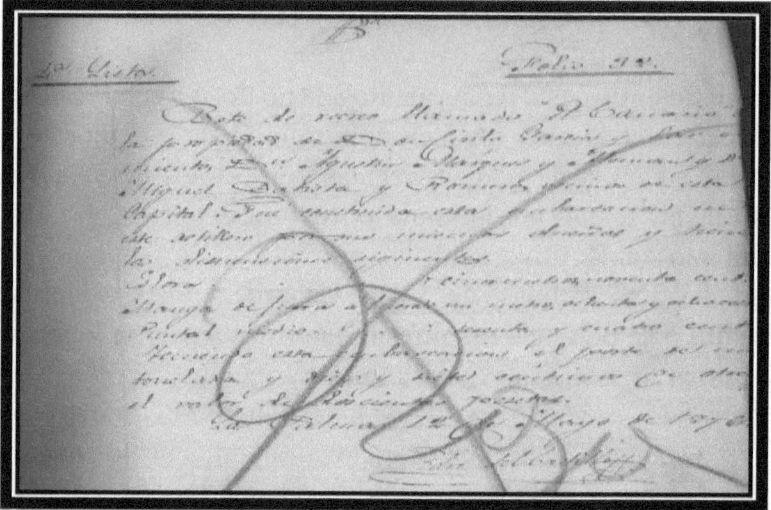

Asiento registral del bote El Canario. Fuente: José Daniel Rodríguez Zaragoza

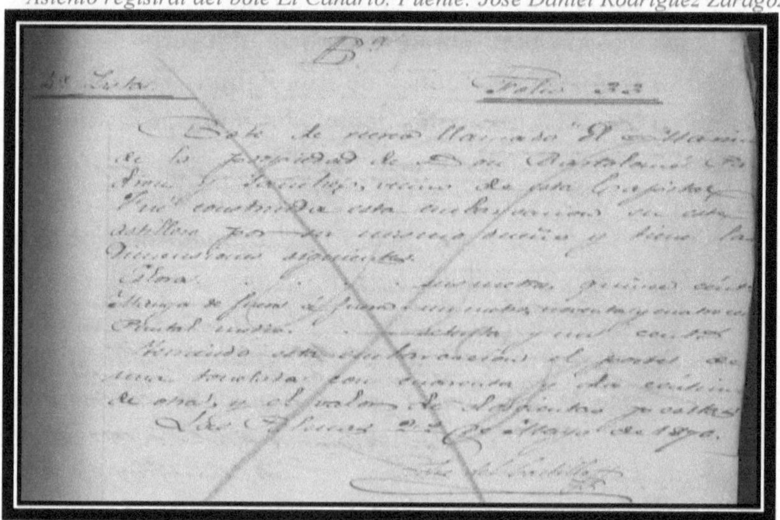

Asiento registral bote Marino. Fuente: José Daniel Rodríguez Zaragoza

Lo fundamental de los datos aportados por José Daniel Rodríguez Zaragoza es que coinciden, en el tiempo, con las primeras informaciones que comienzan a surgir sobre competiciones de botes de vela latina.

Por lo tanto, hay un claro paralelismo entre el registro de botes de vela latina exclusivamente para el recreo y la aparición de las primeras informaciones periodísticas y oficiales sobre las competiciones de este deporte.

Por tanto, podemos afirmar, sin temor a equivocarnos, que el origen competitivo de los botes de vela latina se produjo en los años anteriormente citados, un deporte que irá sufriendo una serie de transformaciones estructurales, a medida que se vayan desarrollando las distintas competiciones, hasta llegar a un consenso estructural y deportivo que ha llegado hasta nuestros días.

Después de estas primeras regatas que hemos mencionado y que se celebraron durante las fiestas oficiales, las regatas se siguieron celebrando durante los siguientes años, principalmente durante la celebración de las fiestas de San Pedro Mártir en conmemoración de la conquista de Gran Canaria.

De esta forma, desde 1876, se celebraron regatas casi todos los años, organizadas por el ayuntamiento de Las Palmas de Gran Canaria y con la colaboración de la Capitanía Marítima. Estas primeras regatas fueron poniendo las bases para el desarrollo futuro de la vela latina y permitió que, una afición festiva, se fuera convirtiendo en un deporte reglado que ha llegado hasta nuestros días.

Es de destacar que, en esta primera etapa, se inicia la configuración del campo de regatas, y constatamos que, en algunos casos, la salida se da desde el muelle de Las Palmas con la llegada en el incipiente Puerto de La Luz, aunque también se encuentran regatas con ida y vuelta, de un punto a otro, pero siempre dentro de la bahía que alberga la ciudad de Las Palmas de Gran Canaria.

Todas las regatas que se celebraron durante este periodo contaron con el rango de oficialidad, ya que las organizaba el ayuntamiento de Las Palmas de Gran Canaria y contaban con la autorización de la Capitanía Marítima de Las Palmas, que, en muchos casos, establecía el campo de regatas, así como los premios que se iban a repartir.

Al llegar a 1900 el desarrollo deportivo comienza a tomar una nueva dimensión. Si las primeras regatas entre botes se auspiciaron desde el ayuntamiento de Las Palmas de Gran Canaria, con la entrada del nuevo siglo las regatas comienzan a ser organizadas por los propietarios de los botes y por un incipiente grupo de apostadores.

Este es un elemento fundamental porque, a partir de este momento, cambiará la concepción deportiva que se tenía hasta entonces, pasando a ser un deporte que comienza a calar en la sociedad de la ciudad y pasa a estar en manos de la sociedad, que será el verdadero protagonista en la evolución y desarrollo de la Vela Latina Canaria.

En 1900 vemos que se programan regatas de botes, concretamente, por la fiesta de La Naval, que en esos años ya incluía regatas de botes, como la famosa regata del resurgir, celebrada en 1961, después del parón de la posguerra, que enfrentaron al Minerva, Porteño y Morales.

Durante estas fiestas, celebradas en octubre de 1900, tiene lugar la celebración de la mencionada regata, que se programa para el día 13 de octubre, que se realiza dentro de los límites del Puerto de La Luz y estableciéndose un premio de 100 pesetas para los vencedores. Las bases eran la siguientes:

> *Bases para las regatas del 13 del corriente que tendrán lugar en la festividad de la Naval:*
>
> *1ª. —Regata a vela entre embarcaciones menores que se dedicaran al tráfico interior del puerto, las de recreo propiedad de los vecinos de esta localidad, y todas aquellas de iguales condiciones.*
>
> *La salida y entrada de esta regata será el puerto de La Luz. Una enfilación marcada por el asta de una bandera colocada en la cabeza del muelle de Santa Catalina, con*

otra de un bote fondeado en sus proximidades en dirección E.O. Tendrán que mantener una embarcación fondeada en la bahía de Las Palmas que se distinguirá por tener una bandera roja en uno de sus topes.

Para la salida de las embarcaciones que tomen parte en las regatas, se dará un intervalo de diez minutos, a contar desde el momento en que se ize una bandera en el asta del muelle Santa Catalina, hasta que se arríe dicha bandera.

Un momento y otro se señalará también con un disparo.

La embarcación que salga antes de este intervalo tendrá que volver a tomar dicha enfilación y la que saliera después se considerará que no toma parte en la regata.

El jurado medirá el tiempo que cada embarcación invierta en recorrer la distancia marcada, concediéndose el premio a la que lo haga en menos.

Premio de 100 pesetas.

Es importante poner de relieve la importancia de estas instrucciones de regata, que son un elemento fundamental en la estructura interna de cualquier deporte y también destacar el detalle de incluir en estas reglas a «embarcaciones menores que se dedicaran al tráfico interior del puerto, las de recreo propiedad de los vecinos de esta localidad, y todas aquellas de iguales condiciones», que pone de manifiesto la participación de embarcaciones de recreo construidas para regatear como se ha dicho con anterioridad y que, desde hacía algunos años, se había producido el salto de una embarcación que se utilizaba para trabajos portuarios, a construir otras solo con una finalidad recreativa-deportiva. Este es un punto de inflexión decisivo en el devenir de la vela latina.

Otro dato para destacar es la determinación del campo de regatas, que se detalla de forma clara, quedando establecido dentro del puerto de La Luz y que le da la formalidad debida a este evento.

Hay que destacar, que la modalidad de regata, en estos primeros años, es el concurso, es decir, todos contra todos, teniendo que pasar, en su caso, por dos o tres balizas colocadas en el campo de regatas.

Esta modalidad de competición, la del concurso, se inició en esta primera etapa y se mantendrá hasta nuestros días, con variaciones en su concepción, hasta llegar a la modalidad de concurso que conocemos hoy en día.

Sin embargo, no será hasta el 20 de octubre de 1901, cuando se celebra una regata entre dos botes, desde el muelle de Las Palmas hasta el muelle de Santa Catalina, como rezaba la publicación del Diario de Las Palmas del 19 de octubre de ese mismo año:

El próximo domingo se efectuará una regata de dos botes desde el muelle de Las Palmas hasta el de Santa Catalina. La salida será a las tres de la tarde. Se han cruzado apuestas de importancia.

Esta regata es, quizás, la primera regata casada de la que se tiene referencia, aunque no se sabe si llegó a celebrarse.

Sin embargo, de esta regata hay que destacar dos aspectos muy importantes, que marcarán el destino del incipiente desarrollo del deporte de la Vela Latina Canaria.

El primero de los aspectos que hay que tener en cuenta, es la dirección en la que van a regatear los botes, desde el Muelle de Las Palmas hasta el muelle de Santa Catalina, es decir sur-norte, contra el viento, en bolina. Si tenemos en cuenta que el rango de vientos en la bahía de Las Palmas es, en la mayoría de las ocasiones, norte o noreste, estos dos botes tienen la intención de regatear en bolina.

Regatear contra el viento es una de las principales características que definen la Vela Latina Canaria y que la hacen única en el mundo.

Una modalidad de competición que se irá consolidando a lo largo de los siguientes años, hasta llegar a ser una regla que se establecerá en los futuros reglamentos de este deporte.

Una forma de regatear que, posiblemente, tenga sus orígenes en los botes que se dedicaban al transporte de mercancías y pasajeros.

Estas embarcaciones tenían sus bases en el antiguo muelle de Las Palmas y competían por ser los primeros en llegar a los barcos que fondeaban en la bahía de Las Palmas y, en la mayoría de las ocasiones, esta competición laboral por ser los primeros, lo hacían contra el viento.

Es de suponer que, esta lucha contra el viento y por llegar primeros, fue la que los impulsó a modificar sus botes para hacerlos más rápidos, poder ganar a sus contrincantes, poder hablar con el capitán del barco fondeado y ser contratados para realizar el aprovisionamiento de agua y víveres y el traslado de los pasajeros a tierra.

El otro aspecto de la noticia que analizamos es que los botes implicados van a regatear uno contra otro, una modalidad que se irá consolidando a lo largo de los siguientes años, con diferentes enfrentamientos, que se establecían mediante los correspondientes desafíos en prensa y que eran patrocinados por los dueños de los botes y por algunos apostadores.

Esta modalidad se fue consolidando, con mucho éxito, en los primeros treinta años del siglo XX, debido al interés que despertaba este tipo de enfrentamientos en los miles de aficionados, que seguían estas regatas casadas y que culminó con el primer campeonato de vela latina que se celebró en 1934, organizado por la Sociedad de Regatas Ahemón.

Las sociedades deportivas y culturales tuvieron mucho protagonismo durante los inicios y evolución deportiva de la Vela Latina Canaria, porque fueron estas sociedades las que vertebraron los anhelos de los dueños de los botes y de los aficionados, organizando regatas de botes durante estos años. Sociedades como la Sociedad Santa Catalina o la Sociedad de Regatas Ahemón tuvieron un papel fundamental en estas primeras etapas.

La Sociedad Santa Catalina organizó varios eventos deportivos en fiestas significativas durante los primeros años del siglo XX, introduciendo, en sus programas festivos, regatas de botes de vela latina.

La Sociedad de Regatas Ahemón tuvo un papel determinante en la evolución deportiva de este deporte, como veremos cuando nos metamos, de lleno, en la tercera etapa de la evolución de los botes de vela latina.

Durante los siguientes años se siguieron celebrando regatas que tuvieron su repercusión en prensa, como el anuncio que publicaba el Diario de Las Palmas el 27 de abril de 1903, como la programada para el día 3 de mayo de 1903 por las fiestas de San Pedro Mártir y que fue organizada por la Sociedad Santa Catalina.

Día 3. A las 4 regatas de botes organizadas por la Sociedad Santa Catalina.

Todas ellas organizadas por distintas entidades y que son la demostración, de que el interés por la competición entre botes de vela latina iba en aumento, que pasó de la recreación propiamente dicha, a convertirse en un deporte competitivo en toda regla, que iría evolucionando hasta convertirse en el deporte que hoy conocemos.

Otro de los aspectos que se irá configurando durante esta primera etapa es el campo de regatas que, si estaba claro que este se ubicaría en la bahía de Las Palmas, no se tenía muy claro los puntos desde donde se marcaba la salida y la llegada, que iban variando en función del acuerdo entre los participantes o los organizadores.

Las primeras regatas se realizaron siguiendo este criterio, más o menos arbitrario, que, en muchos casos, caía en la figura del Capitán Marítimo, que establecía el punto de partida y el punto de llegada de las diferentes regatas que se habían realizado hasta el momento.

A medida que iban pasando los años y celebrando las distintas pegas y concursos, los dueños de los botes, apostadores y organizadores vieron la necesidad de ampliar el campo de regatas, debido, principalmente, a que este deporte náutico estaba calando en la sociedad, y se contaban por miles los aficionados que se apostaban en diferentes puntos de la bahía, para ver y disfrutar del devenir de las regatas de los botes.

Por esa razón, la salida se fue trasladando más hacia el sur, ubicándola, a principios de 1900, en el barrio de San Cristóbal, concretamente en La Puntilla.

De esta manera, la primera regata de la que se tiene conocimiento que se utilizó la salida desde La Puntilla, fue la celebrada el 24 de julio de 1904, que se celebró por las fiestas de San Cristóbal en la que participaron tanto barquillos como botes, pero con la peculiaridad de que el recorrido era primero en bolina y luego en empopada.

Así el Diario de Las Palmas recoge:

> *Los vecinos del barrio de S. Cristóbal celebrarán en los días 24 y 25 del actual, fiestas en honor de su patrono, conforme al siguiente programa: día 24, a las 12, regatas de botes a vela, desde la puntilla hasta el muelle de Las Palmas, con retorno al Castillo de S. Cristóbal, donde se adjudicará la victoria la embarcación que llegue primero a este último sitio.*

Los dueños de los botes siguieron participando en las regatas que tomaban como punto de partida La Puntilla o el Castillo de San Cristóbal, consolidando la idea que la salida se tenía que trasladar más hacia el sur y así aumentar el tiempo de regata y, por ende, aumentar los recursos competitivos que eran directamente proporcionales al aumento de la emoción y de las apuestas deportivas, que contribuirían a fortalecer, más si cabe, un deporte incipiente como el de la vela latina.

El año siguiente, el 19 de julio de 1905, el Diario de Las Palmas vuelve a hacer referencia a las regatas de botes de vela latina, que tendrán lugar durante las fiestas de San Cristóbal y que tendrán como punto de partida La Puntilla, en la que participarán varios botes de vela latina.

*A las 2 de la tarde, regatas de botes a la vela desde la
Puntilla al muelle de Las Palmas con retorno al Castillo de
San Cristóbal.*

*El detalle para destacar de esta regata es que
participaron catorce botes, como así lo refleja el Diario de
Las Palmas en su edición del día 24 de julio:*

*Interesantes resultaron las regatas de botes a vela en la
que tomaron parte catorce. El primero que llegó al muelle
de Las Palmas fue el que tripulaba un cabo de matrícula
del puerto. El aspecto del muelle al llegar los botes y salir
para San Cristóbal era hermoso.*

En 1906 se siguen programando regatas con salida desde la zona
de San Cristóbal, como atestigua el periódico el Diario de Las
Palmas que en su edición del día 16 de junio de 1906, dice:

*Mañana se verificarán carreras de botes desde el
castillo de San Cristóbal hasta el muelle de Santa Catalina.
En estas regatas tomarán parte unos diez botes propiedad
de varios aficionados a este sport. Reina mucho entusiasmo
entre los aficionados de esta ciudad y Puerto de La Luz.*

Como se puede observar, también en el año 1906, se sigue
tomando como punto de salida las zonas cercanas al barrio
marinero de San Cristóbal, esta vez cogiendo como punto de
partida el castillo de San Cristóbal y con la participación de diez
botes.

Tres días después se vuelven a programar regatas desde el
mismo punto, así lo recogía el Diario de Las Palmas en su
publicación del día 23 de junio de 1906:

*En el barrio de San Cristóbal se celebrarán mañana
regatas de botes a la vela, desde aquella playa al puerto de
la Luz. Reina mucha animación habiéndose inscrito
muchos botes.*

El 29 de junio de 1906 el Diario de Las Palmas publica la siguiente noticia:

> *En las regatas de botes verificadas ayer, entre el de Francisco Morán y el de Ignacio Betancor, resultó victorioso el primero. Mañana se verificará otra entre el vencedor de ayer y el conocido por la Fortuna del Indio, desde la playa de San Cristóbal a la punta del muelle del Puerto de la Luz, y de allí a la playa del Cebadal. Reina mucho entusiasmo entre los aficionados a este sport, y se cruzan apuestas de importancia.*

Esta regata verificada entre los dos botes es quizás la primera regata casada de la que se tiene constancia que utiliza, por primera vez, una salida más al sur, muy cercana a la Mar Fea, desde la playa de San Cristóbal.

Los años siguientes se siguen celebrando regatas partiendo de San Cristóbal, como la que menciona el Diario de Las Palmas el 24 de julio 1907:

> *Mucha concurrencia presenció las regatas de botes a la vela que acaban de verificarse desde San Cristóbal al muelle de Santa Catalina del puerto de la Luz. Tomaron parte en ellas catorce botes, resultando en extremo hermoso e interesante el espectáculo. El bote que primero llegó a la meta fue el de D. Francisco Morán y el tercero el balandro que acaba de adquirir aquí el Club tinerfeño.*
>
> *Mañana con motivo de la fiesta de San Cristóbal habrá de nuevo regatas a la vela siendo el recorrido el mismo. Se han cruzado muchas apuestas y reina grande entusiasmo entre los aficionados.*

Las regatas entre botes continúan celebrándose en los años venideros, que van confirmando el uso, como punto de salida, la zona de San Cristóbal y, de esta forma, se fue conformando, poco a poco, la idea de que la salida se tenía que trasladar hacia el sur, porque el campo de regatas que se ubicaba en los alrededores del muelle de Las Palmas y el puerto de La Luz, era, a todas luces, insuficiente para un deporte que cada día ganaba más adeptos y necesitaba un espacio más amplio para regatear.

Se vieron en la necesidad de ampliarlo y la única manera de hacerlo era desplazando la salida hacia el sur y mantener la tradición de competir en bolina, que venía de una práctica laboral muy arraigada en las gentes del puerto.

Así, este campo de regatas debería estar comprendido entre los aledaños de la zona de San Cristóbal y el muelle de Las Palmas o el puerto de La Luz.

La primera regata de la que se tiene referencia, en la que se tomó la salida desde las cercanías del túnel de la Laja, es la que se celebró el domingo 8 de julio de 1906 y así decía la noticia publicada en el Diario de Las Palmas el 6 de julio de ese mismo año:

Nuevas regatas de botes desde la playa de La Laja al muelle de Sta. Catalina.

Como indica Rodríguez (2020) en su artículo *«Las regatas de botes de vela latina en Las Palmas de Gran Canaria a principios del siglo XX»* de su blog *Apuntes de la historia marítima de Canarias* (http://apuntesjdrz.blogspot.com/), esta podría ser la primera referencia de una regata con la salida en las inmediaciones de la Mar Fea, punto desde el que salen todas las regatas en la actualidad.

Con el tiempo, se fue tomando conciencia de un campo de regatas más amplio, que permitiera lucirse a los botes y, también, dar rienda suelta al entusiasmo de los aficionados que, poco a poco, iban simpatizando con este deporte que empezaba a levantar pasiones.

Lo cierto es que la configuración del campo de regatas se tomó su tiempo, quizás porque no había un ente regulador que aglutinara todas y cada una de las normas que debían de prevalecer a la hora de celebrar las regatas.

En el año 1907 se vuelven a soltar regatas desde la playa de La Laja, como la regata que se celebró el 10 de noviembre de ese mismo año y así hacía referencia el Diario de Las Palmas:

La regata de ayer

Ayer tarde se verificó la regata anunciada entre los botes de los señores Morán y Estévez. El interés que esta había despertado era extraordinario. A más de la importante cantidad que se jugaba, entre los aficionados se habían cruzado gran número de apuestas. Muchos coches y tartanas salieron llenos de gente desde las 3 por la carretera del sur para presenciar la salida de los botes, ocupando tan gran número de carruajes, un largo espacio de la carretera frente a las playas de la Mar Fea y la Laja. A las 4 dio un remolcador los toques de salida. Toda la playa, hasta el mismo Puerto de la Luz, se veía llena de curiosos. Muchas personas había en los muelles de Las Palmas y Santa Catalina.

El bote de Estévez se adelantó al salir de Mar Fea, pero el de Morán le aventajó frente a la Laja, ventaja que al pasar por la población era de más de ochocientos metros.

El bote de Estévez se dio por vencido siendo remolcado por una falúa a vapor hasta el puerto. Enorme gentío aguardaba en el muelle de Santa Catalina al bote vencedor recibiendo a sus tripulantes con aplausos. El entusiasmo fue grande entre los partidarios de esta embarcación.

Esta referencia periodística es importante porque aporta una serie de detalles que hay que tener muy en cuenta. El primero es su extensión, siendo, quizás, la primera crónica, más o menos larga, que saca a la luz un medio de comunicación en la que relata algunos pormenores de cómo fue la regata.

El segundo detalle es la referencia a los aficionados que se desplazan a ver la regata, cuando se dice: «Muchos coches y tartanas salieron llenos de gente desde las 3 por la carretera del sur para presenciar la salida de los botes». Lo que viene a demostrar el creciente interés por las regatas de botes en general, y por las regatas casadas en particular, que van adquiriendo un relieve nunca visto en la bahía de Las Palmas.

El tercer detalle, fundamental, es que se vuelve a utilizar las inmediaciones de la Mar Fea para dar la salida de esta emocionante regata que, como hemos dicho, comenzó a utilizarse en 1906 por primera vez.

El cuarto detalle es la referencia a los apostadores, que se van convirtiendo en unos protagonistas de las regatas, sobre todo, en las casadas, que, en muchos casos, son ellos los impulsores porque ven en estas competiciones una forma de sacar algún beneficio económico, que les ayudaba a solventar su precaria situación económica.

En el 1908, se vuelven a organizar regatas tomando como salida algún punto de las inmediaciones de la Mar Fea, en unas ocasiones era la playa de La Laja y en otras el barranco de Jinámar, sobre todo cuando se organizaban regatas casadas entre los botes de la época, como eran el Morán, el Agustín, el Doctor Chil o el Inocente.

Valga como ejemplo estas dos noticias que publicaba el Diario de Las Palmas ese mismo año, el 20 de junio de 1908:

> *Mañana se verificarán las anunciadas regatas de botes a la vela entre la playa de la Laja y el puerto de La Luz. Se han cruzado apuestas de consideración.*

Y el 17 de julio de ese año:

> *El domingo próximo volverá a haber regatas de botes a la vela entre la desembocadura del barranco de Telde y el muelle de Las Palmas. Se han cruzado apuestas*

considerables entre los dueños y partidarios de los botes
Doctor Chil e Inocente, reinando mucho entusiasmo.

Como hemos visto, este punto de la bahía se convierte en el lugar preferido de los dueños de los botes para soltar las regatas casadas, porque les da la oportunidad de que sus botes se luzcan en un recorrido más largo, en las que se pueden seguir desde varios puntos de la costa.

En esta primera etapa, la competición entre botes se consolidó, dando el salto definitivo de competir en fiestas populares, como la de San Pedro Mártir, San Cristóbal o La Naval, a organizarse de forma autónoma para la celebración de las pegas entre botes.

Esto fue así porque los propietarios y los apostadores vieron que podían sacar algún beneficio económico a las regatas, sobre todo, a las casadas, bote contra bote, porque las apuestas entre los propietarios no bajaban de las quinientas pesetas por regata, que, en esa época, era una cantidad considerable, que ayudaban a los propietarios y tripulantes, a sacar algún beneficio, que les permitiera seguir manteniendo su embarcación y complementar sus ingresos monetarios.

Para muestra un botón. El Diario de Las Palmas publica el 17 de julio de 1908:

Las regatas que se han concertado entre los botes
Doctor Chil e Inocente se verificarán el día 26 del actual,
habiendo sus dueños concertado una apuesta de 1.000
pesetas.

Por tanto, el interés económico apuntaló, de forma definitiva, el despegue de este deporte náutico.

Sin embargo, en estos inicios había cierta desorganización, que se reflejaba, no solo en la concertación de las regatas entre los botes, sino también en el orden público.

De esto que digo, se hace eco el Diario de Las Palmas del 14 de agosto 1908:

Por la Delegación del Gobierno se ha encargado a la guardia civil ejerza la vigilancia conveniente para evitar que, con motivo de las regatas de botes anunciadas para mañana, se aglomeren coches y tartanas en las cercanías del túnel de Telde, como ha ocurrido otras veces, promoviendo escándalos e interceptando el paso.

Un problema que existía en los comienzos de este deporte y que, todavía hoy, nos sigue afectando de forma directa y que tiene un difícil encaje, en un deporte, que la mayoría de los aficionados siguen desde tierra.

Esta desorganización afectaba, también, a los acuerdos o contratos para celebrar las regatas, que, en algunas ocasiones, hacían que estas no se terminasen de verificar por problemas entre los dueños de los botes y afectaba directamente a los aficionados:

El Diario de Las Palmas recoge ese malestar el 16 de noviembre de 1908:

Ayer tampoco se verificó la tan anunciada regata entre los botes Doctor Chil e Inocente viéndose el público burlado una vez más. Del puerto vino un número extraordinario de personas que se quedaron con el gasto hecho, y otras perdieron el tiempo permaneciendo horas y horas en el muelle de Las Palmas esperando a ver pasar los botes.

Estos plantones a los aficionados y apostadores era el resultado de los desacuerdos entre los propietarios, que se pusieron de manifiesto en varias ocasiones en la prensa local, que ponían, negro sobre blanco, que era necesaria una regulación más estricta para evitar estos problemas, que afectaban a todos y cada uno de los que estaban relacionados con la vela latina.

Estos contratiempos tenían cierta lógica, si tenemos en cuenta que este deporte se estaba configurando y esa configuración deportiva alcanzaba a todos los niveles de su estructura, que en esos momentos era muy frágil y como todo ente que comienza a andar, siempre hay caídas y malos pasos, sin olvidar que gracias a su voluntad hoy estamos donde estamos.

Esta etapa tiene los siguientes aspectos a destacar:

1. Celebración de las primeras regatas oficiales de botes de vela latina.
2. Construcción de los primeros botes para el recreo y el deporte.
3. Celebración de las primeras regatas en bolina con salida en los alrededores de la playa de La Laja.
4. Celebración de las primeras regatas bote contra bote (regatas casadas).
5. Configuración del campo de regatas con salida en las cercanías a la Mar Fea y con llegada al Puerto de La Luz.

Segunda etapa: 1909-1932. El Club Náutico y la Primera Guerra Mundial

Esta segunda etapa se caracteriza por dos elementos, el primero es la aparición del Club Náutico de Gran Canaria, que intentará poner orden en la desorganización que existe en las regatas de botes de vela latina, pero sin tener una implicación directa en la evolución de la competición.

El segundo elemento es la Primera Guerra Mundial que paralizó, durante casi una década, la competición de botes de vela latina.

Así, a los pocos días de la inauguración del Club Náutico, se anuncia en la prensa la primera regata que va a organizar el club, que tendrá lugar el 9 de mayo de 1909. El Diario de Las Palmas publica el 5 de mayo de ese año:

En las regatas de botes a vela que están anunciadas para el domingo próximo, y organizadas por el Club Náutico, con motivo de la inauguración del hermoso edificio que ha construido, tomarán parte los botes San Agustín, de Morán, y El Inocente, de Solís.

Dos días después el mismo periódico concreta:

Los botes que tomarán parte en las regatas del domingo próximo, en esta bahía, son los siguientes: Agustín, del Sr. Morán, Joven Antonio, de don Benjamín Domínguez, Doctor Chil, de D. Agustín Estévez, La Mañana, de D. Bernardino Pérez, e Inocente, del Sr. Solís. El premio para la regata de los dos últimos consiste en cien pesetas; y para los tres primeros se ha señalado otro premio de 75.

El Club Náutico publica, en el Diario de Las Palmas el 6 de mayo de 1909, un reglamento para la regata que tendrá lugar el domingo 9 de mayo:

[...] como ya hemos dicho, el día 9 se ha enviado para su aprobación al Sr. Comandante de Marina de esta provincia, el siguiente reglamento:

REGLAMENTO para las regatas a vela organizadas por el «Real Club Náutico de Gran Canaria» para el día nueve del corriente mes en la bahía a de este puerto, y que somete a la aprobación de la Autoridad de Marina de esta provincia. Podrán tomar parte en dichas regatas, todas las embarcaciones menores, sin cubierta, que se inscriban en la Secretaría del Real Club hasta el sábado 8, a las dos de la tarde. Las inscritas se dividirán en dos series, según la eslora, adjudicándose un premio de cien pesetas a la que resulte vencedora de la serie de las mayores, y otro de setenta y cinco, a la que lo sea de la de los pequeños. Las regatas se verificarán en triángulo, formándose éste por un bote situado frente al Guiniguada, que será el límite sur; por otro al naciente y un tercero al norte, en sitio que previamente se designará y que será a la vez el punto de partida. Todos los botes que intervengan en dichas regatas quedan obligados necesariamente a cruzar por fuera de los botes que forman el triángulo y a marchar en la misma dirección, que será la derecha, es decir, hacia el sur. El recorrido será aproximadamente de unas ocho millas. La hora de salida la fijará el Jurado, pero los botes deben encontrarse cerca del edificio del Real Club a las dos de la tarde del citado día nueve. El Jurado lo formarán el Sr. Comandante de marina de esta provincia, o un delegado suyo, como Presidente, y los Sres. Don Manuel Reina Pérez y D. Juan Bethencourt. Las determinaciones y fallos del Jurado son inapelables, quedando descalificado el dueño de cualquier embarcación que las desobedezca. Queda a juicio del Jurado el resolver las dudas e incidentes que surjan y todos los casos no previstos en este Reglamento. Las Palmas, mayo 6 de 1909.

Como podemos observar, el Club intenta poner un poco de orden y lo hace utilizando un reglamento, que tendrán que aceptar todos los botes que quieran participar en la competición y es un paso más a la paulatina regularización del deporte.

Si analizamos este reglamento, lo primero que observamos es que el campo de regatas es un triángulo, cuyas balizas de limitación los botes tendrán que sortear recorriendo casi ocho millas náuticas dentro de la bahía de Las Palmas.

El 27 de junio de 1909, transcurridas las primeras regatas, el Club Náutico vuelve a programar una regata, con su reglamento, pero esta vez no se trata de un triángulo como campo de regata, sino una regata con salida desde el club hasta San Cristóbal y vuelta al club.

En el Diario de Las Palmas se publica dicho reglamento:

Mañana a las tres se verificará una importante regata de botes, siendo 5 el número de los ya inscritos. Los partidarios de cada embarcación han depositado 250 pesetas que suman la cantidad de 1250. El bote que en la regata llegue a la meta en primer lugar será premiado con el total de la suma menos 250 pesetas que percibirá el que llegue en segundo término. El entusiasmo entre los partidarios de los botes referidos es grande. Hay muchísimas apuestas. Espérase que la tarde de mañana sea de gran animación en el muelle de Las Palmas y en las playas de esta ciudad.

Condiciones

1. Podrán tomar parte en esta regata toda clase de botes de vela.

2. Los botes que deseen tomar parte deben inscribirse en el Club hasta mañana a la 1 de la tarde y entregar la cantidad de 250 pesetas al hacer la inscripción.

3. La regata será a las 3 en punto de la tarde, debiéndose presentar con media hora de anticipación todos los patrones con los botes inscritos al Jurado que se encontrará en el edificio del Club.

4. La salida será desde el Club y a un tiempo, marcando el Jurado, por sorteo, la posición que ocupará cada bote.

5. Al dar la señal de salida el Jurado, que será un disparo, cada patrón se soltará del cabo al que estará sujeto su bote, empezando la regata.

6. Todos los botes darán la vuelta a una embarcación con bandera, colocada frente a San Cristóbal. Esta vuelta será de tierra para fuera, dejando la embarcación a babor.

7. La meta será el Club.

8. Todo bote que no esté a la hora señalada para la salida, perderá su derecho.

9. La regata no podrá suspenderse sino por orden del Sr. Comandante de Marina, y dada la señal de salida, no habrá derecho a reclamación de ninguna clase ni se admitirán excusas por averías ni otras causas.

10. El bote que a juicio del jurado llegue primero a la meta, se le entregará un premio en metálico importante, toda la cantidad recaudada menos 250 pesetas que percibirá el que llegue en segundo lugar.

11. El fallo del Jurado será inapelable, quedando descalificado y sin derecho alguno, todo el que falte a alguna de las cláusulas de este Reglamento o a las decisiones de aquél, que resolverá todas las dudas que se presenten.

12. El Jurado lo presidirá el Sr. Comandante de Marina de esta provincia o persona en quien delegue, y lo compondrán 4 señores más designados por el Club.

13. Una vez inscrito un bote y entregada la suma expresada, no tendrá derecho a reclamarla por ningún concepto.

Puerto de la Luz, junio 26 de 1909.

El Jurado lo compondrá D. Manuel Acedo, Comandante de Marina de esta provincia, D. Manuel Reina, D. José de Orozco,

D. Rafael González Hernández y D. Sixto del Castillo. Y como suplentes, D. Gabriel Ferrer y D. Rafael Massieu de la Rocha.

El primer aspecto que quiero destacar de este reglamento es que pueden participar «toda clase de botes de vela». Como puede observarse, en estos primeros años no se había definido la tipología del bote con el que se iba a competir, pero que luego se va configurando y determinando, qué tipos de botes podían participar en las competiciones de vela latina.

El segundo aspecto es el campo de regatas, que como podemos comprobar hay un cambio en su concepción, ya no se trata de completar un triángulo, como se hizo en la regata por la inauguración del Club Náutico, colocado entre las inmediaciones del muelle de Las Palmas y el Club. En esta ocasión se trata de cubrir, con una empopada y una ceñida, un campo de regatas que va desde el club hasta San Cristóbal.

Este es un detalle importante porque estamos ante el primer germen de lo que serían los futuros concursos, que como sabemos se fueron configurando en esta etapa y evolucionar hasta realizar un recorrido en bolina, desde la Mar Fea hasta el Puerto de La Luz, pasando por balizas intermedias, muy cercanas a tierra y en puntos estratégicos de la bahía.

El tercer detalle que se desprende del análisis de este reglamento es el procedimiento de salida y se dice: […] «La salida será desde el Club y a un tiempo, marcando el Jurado por sorteo la posición que ocupará cada bote.» […] «Al dar la señal de salida el Jurado, que será un disparo, cada patrón se soltará del cabo al que estará sujeto su bote, empezando la regata». Interesante detalle lo de sortear la posición de salida, que seguramente lo que se sorteaba eran qué botes salían a barlovento y cuáles salían a sotavento para evitar posibles conflictos en la salida de los botes buscando una mejor posición.

Esta costumbre de sortear el barlovento irá evolucionando hasta llegar a los años treinta, donde era habitual sortear el barlovento en las regatas casadas, que generaba algunos conflictos que trataremos en páginas posteriores.

El último dato para comentar es la asignación de premios y el dinero que tienen que depositar los dueños de los botes para participar y, concretamente en esta regata, 250 pesetas, llevándose el primero, 1000 pesetas y el segundo, 250 pesetas, confirmándose, una vez más, que la cuestión económica sigue muy presente en estas primeras épocas y es el motor de propulsión para que el deporte siga creciendo en todos los sentidos.

Del análisis de estos dos primeros reglamentos, se desprende que es la intención del Club Náutico establecer unas reglas claras y enviar un mensaje a los participantes, de que en las regatas que organiza el club estarán determinadas por unas reglas. El Club intenta imponer su criterio a los boteros, con más o menos suerte, como ya veremos más adelante, porque las regatas de botes ya habían tomado, en estas fechas, un sello propio que todavía no se había revelado, pero que lo hará a medida que pasan los años.

Esta personalidad propia se refleja en las regatas casadas, que se siguen organizando por los propios dueños de los botes, con salida desde la Mar Fea y llegada al Puerto de La Luz.

A este respecto, el Diario de Las Palmas publica el día 7 de agosto de 1909:

Mañana se celebrarán las anunciadas regatas de botes a la vela. Reina por ellas mucho entusiasmo y nos dicen que han sido depositadas mil pesetas.

Dos días después el mismo periódico publica:

Ayer tarde se verificaron las regatas de botes a la vela anunciadas. Había una apuesta 500 pesetas. Tomaron parte los botes Inocente y La Mañana, ganando este último. En los muelles de esta ciudad y del puerto se reunió un extraordinario número de personas.

El 15 de agosto del mismo año se programa otra regata, como así publica el Diario de Las Palmas de esa misma fecha y dice:

Mañana a las dos de la tarde habrá regatas de botes tomando parte el Inocente y La Mañana.

El 5 de septiembre de 1909 se vuelven a verificar regatas, esta vez entre los botes La Mañana y La Amistad.

Ayer se verificaron las anunciadas regatas de botes a la vela. Disputáronse el premio La Mañana y La Amistad. Este salió victorioso ganando las 500 pesetas.

En noviembre, se vuelven a organizar regatas casadas, como publica el Diario de Las Palmas el 25 de noviembre de 1909:

Se organizan regatas de botes a la vela con apuesta de 250 pesetas. Las regatas se verificarán el domingo próximo a las 3 de la tarde. El punto de partida será el barranco de Jinámar y la meta frente a la plaza del Ingeniero León y Castillo.

En el año 1910 se siguen organizando regatas como las que anuncia el periódico Diario de Las Palmas del 25 de mayo de ese año:

Mañana a la tarde habrá regatas de botes a la vela entre la playa de la Laja y el muelle de esta ciudad.

Comprobamos que se sigue utilizando el punto de salida de la playa de la Laja, un lugar que se va consolidando entre los dueños de los botes y los aficionados.

Días después, el 27 de mayo de 1910, se publica este anuncio en el Diario de Las Palmas donde el dueño del bote Amistad lanza un desafío:

Don José Alonso, representante de los dueños del bote Amistad del Puerto de La Luz, nos ruega hagamos público que no es posible realizar la regata de botes en las condiciones que se han propuesto en el periódico La Mañana y sin perjuicio para nadie propone realizar las regatas bajo las condiciones siguientes:

1.º En concurso los tres botes de Las Palmas, Perojo, La Mañana y Dr. Chil con la Amistad, con premio de 250 pesetas, por cada uno, y las 1.000 pesetas, serán entregadas al vencedor.

2.º La Amistad regateará tres domingos consecutivos con cada uno de los botes ya mencionados, o sea Mañana, Dr. Chil y Perojo con la apuesta de 500 pesetas cada regata, que precisamente percibirá el vencedor al terminar cada una de ellas.

3.º La Amistad está dispuesta a regatear con cualquiera de los botes ya indicados y con la apuesta de mil pesetas.

4.º La Amistad propone también regatear con los tres botes ya repetidos con la apuesta de 1.500 pesetas, depositando entre los tres 1.000 pesetas y la Amistad 500, serán entregadas al primero de los cuatro botes que llegue a la meta de la regata, las 1.500 pesetas. Bajo estas condiciones—concluye diciendo el Sr. Alonso—, creemos que nuestros adversarios no tendrán motivo para evadirse, teniéndonos a su disposición para concertar, en definitiva.

Analizando con detenimiento el desafío, vemos que los dueños de los botes siguen organizando regatas, a pesar de que el Club Náutico está disponible como organizador. Un detalle muy importante para tener en cuenta en el devenir de la vela latina.

También hay que destacar que las apuestas, con cantidades considerables, siguen siendo el motor y motivación principal de las competiciones de vela latina, que las acompañarán durante mucho tiempo.

A este respecto, no hay que olvidar que la economía grancanaria, en estos años, es una economía de subsistencia y con un marco social y económico muy poco desarrollado, que obliga, a la mayoría de la población, a buscar recursos elementales para completar sus necesidades básicas. Los dueños de los botes no son ajenos a esta situación y ven, en la celebración de competiciones, una salida adecuada para incrementar sus ingresos monetarios.

Este beneficio económico, que se obtiene al ganar una regata, hace que los dueños de los botes procuren que sus embarcaciones estén lo mejor preparadas posible, ya no solo en materiales, sino también en tripulantes y patrones.

El 4 de junio de 1910 el Diario de Las Palmas publica esta noticia:

Entre D. Francisco Morán y don Juan Hernández se han concertado dos regatas de botes. Una entre el bote Perojo y La Amistad que se efectuará mañana domingo; y otra entre el Villamil y el Perojo, el próximo domingo. La apuesta será de 250 pesetas.

Estas regatas se verificaron los días 5 y 12 de junio, como así publica el Diario de Las Palmas y apuntaron que el campo de regatas sería del barranco de Jinámar hasta el puerto de La Luz, un campo de regatas que, poco a poco, va cogiendo forma.

Volvemos a comprobar que los dueños de los botes siguen organizando regatas casadas entre ellos, ya no solo entre dos botes, sino entre una pareja de botes, lo que viene a demostrar que la tutela del Club Náutico no es tal o que no termina de convencer a los boteros.

El 12 de julio de 1910 se vuelve a organizar otra regata casada, como así publica el Diario de Las Palmas, esta vez entre el Cedrón y el Doctor Chil que decía:

Reina mucha animación entre los aficionados, cruzándose apuestas de consideración, con las regatas que se han concertado entre los botes Cedrón y Doctor Chil.

El 13 de agosto se vuelven a programar regatas, con los botes Doctor Chil y la Amistad como protagonistas y así lo anuncia el Diario de Las Palmas en sus páginas:

El domingo por la tarde se verificarán las regatas de botes anunciados, tomando parte el Doctor Chil y la Amistad. Se han cruzado importantes apuestas. Los botes saldrán de la desembocadura del barranco de Jinámar siendo la meta la primera boya de Santa Catalina, en el Puerto.

El 19 de septiembre se verifica una pega entre dos botes, La Amistad y Doctor Chil y así se hace eco el Diario de Las Palmas:

En las regatas verificadas ayer entre los botes La Amistad y Doctor Chil, ganó el primero. Mucho público presenció las regatas desde las playas y los muelles de Las Palmas y de La Luz.

El 1 de octubre de 1910 la revista Canarias Turista publica:

Hoy se verificarán las regatas entre los botes Amistad y Doctor Chil.

El 5 de diciembre se vuelven a verificar regatas entre los botes Doctor Chil y Amistad, haciéndose eco de la regata el Diario de Las Palmas:

Llevaron mucho público a los muelles y a la playa las regatas verificadas ayer tarde, en las que tomaron parte los botes Doctor Chil y Amistad. Este resultó vencedor, pues llegó a la meta con unos 1.560 metros de ventaja. El entusiasmo fue grande entre los partidarios del bote vencedor.

Visto las regatas celebradas este año, 1910, vemos como el protagonismo, sin duda, se lo lleva las regatas organizadas por los dueños de los botes, no así por el Club Náutico, que parece que no tiene mucho interés en ser el organizador de las regatas de los botes de vela latina y son los propios boteros los que toman la iniciativa de seguir con la organización de las pegas.

El 10 de julio de 1911 La Provincia publica:

> *Regatas de botes latinos.*
>
> *Ayer tarde celebraron regatas los botes de vela latina «Perojo y «Dr. Chil», desde San Cristóbal al Puerto de la Luz. Se cruzaron numerosas apuestas, entre los partidarios de uno y otro barco, ganando el «Perojo» con gran ventaja.*

Esta referencia tiene su importancia histórica porque es la primera vez que se utiliza el término «botes de vela latina» en la prensa, que hasta la fecha se venía utilizando regatas de botes, o regatas de botes a la vela, sin hacer mención al aparejo utilizado y dando nombre a la característica principal de este deporte.

También observamos que también en 1911, los dueños de los botes se siguen organizando por su cuenta, sin contar con el Club Náutico, que en estos primeros años parece que no le interesa organizar las regatas de los botes de vela latina, aunque sigue organizando regatas de balandros.

El 7 de agosto es el Diario de Las Palmas quien publica:

> *Regatas. — Las playas y el muelle de esta ciudad se vieron ayer tarde animadísimos con motivo de las regatas a botes que habían despertado el mayor interés entre los aficionados. En las regatas concertadas entre el Doctor Chil y el Perojo se cruzaron apuestas de consideración.*

La Provincia el mismo día 7 de agosto anuncia la construcción de un nuevo bote:

Nuevo bote. Existe mucho entusiasmo entre los aficionados al sport náutico con motivo de la construcción de un nuevo bote que se dice reunirá inmejorables condiciones marineras. Tan pronto como la pequeña embarcación sea lanzada al mar, sus propietarios se proponen organizar regatas con los mejores botes de la isla, populares ya por los éxitos conquistados.

Una noticia que tiene su importancia porque la prensa ya se hace eco de la construcción de nuevos botes, que es un indicativo de que el deporte de la vela latina va cogiendo cierto prestigio dentro de la sociedad de Las Palmas de Gran Canaria.

El 9 de agosto de 1911 La Provincia publica un desafío:

Un desafío. En las últimas regatas, las celebradas el Domingo, quedó vencedor el bote «Dr. Chil». No están conformes con este triunfo los partidarios del bote «Cedrón» que celosos del «crédito» de la pequeña embarcación han desafiado a los partidarios del «Dr. Chil», el vencedor. Las nuevas regatas se verificarán el Domingo 13 o el martes 15, día de fiesta.

El 11 de agosto La Provincia publica la confirmación del desafío entre el bote Doctor Chil y el Cedrón:

La noticia que adelantamos a nuestros lectores parece confirmarse. Han quedado concertadas las regatas entre los botes «Dr. Chil» y «Cedrón» cruzándose la apuesta de 800 pesetas, que ya han sido depositadas. La regata tendrá lugar pasado mañana, domingo, a las dos de la tarde, desde el sitio del Agujerado hasta la primera boya del Puerto de la Luz.

El Diario de Las Palmas publica en relación con el desafío anterior:

Las regatas de ayer. Entre los aficionados a este sport despertaron gran entusiasmo. El muelle y las playas viéronse por la tarde llenos de gente presenciando las regatas. Tomaron parte varios botes, y en el desafío entre el Cedrón y el Doctor Chil venció éste.

La Provincia publica el 18 de agosto la bendición de dos nuevos botes:

El domingo habrá paseo con música, paseo en la playa y se procederá a la bendición de dos nuevos botes para regatas, que se llamarán «Leopoldo Matos» y «Luis Morote» los nombres de nuestros dos diputados a Cortes; el primero será apadrinado por D. Nicolás Manrique de Lara y el segundo por D. Juan B. Meló en el caso de que acepte la invitación.

El 7 de septiembre de 1911, La Provincia y el Diario de Las Palmas publican las bases de un concurso que organizará el Club Náutico:

Regata-Concurso. Para el 10 de septiembre, de botes de vela latina, organizada por el Real Club Náutico
Siempre con los mejores deseos de fomentar el sport náutico, se organizan estas regatas de los típicos botes canarios. Procurando asimilar los tamaños de los botes que concurran, se divide la regata en dos series.
PRIMERA SERIE: Botes desde diez y nueve pies de eslora máxima en adelante:
SEGUNDA SERIE: Botes de eslora máxima inferiores a diez y nueve pies.: Recorrido: trece millas, ósease desde la línea imaginaria que prolonga el dique de Santa Catalina a dejar por

babor la baliza que se colocará en el sitio denominado «El agujerado» y regreso a la meta señalada por las banderas que más adelante se especifican.

Salida: La hora señalada será la una de la tarde, del día diez. Todos los botes que toman parte se sujetarán por la popa al cabo general que estará tendido en la línea de salida, teniendo la vela recogida a la palanca. Al dar el tercer disparo soltarán las respectivas amarras y se considerará comenzada la regata, sin que ninguno tenga derecho a reclamación por no haberla soltado a tiempo, cualquiera fuese la causa de ello. La embarcación que se suelte antes del tercer disparo será descalificada y perderá, por lo tanto, todo derecho.

Averías y abordajes: Una vez comenzada la regata, las averías o accidentes que pudieran ocurrir no se tendrá en cuenta para el resultado definitivo. En caso de abordajes perderá todo derecho el causante del mismo, sin perjuicio de los derechos de las autoridades de marina, y el abordado se le devuelve el importe de su inscripción.

Custodia: Para cuidar el exacto cumplimiento de este reglamento, seguirá de cerca a los botes, una comisión del R.C.N, a bordo de un remolcador, el cual les auxiliará en caso necesario.

Llegada: La meta estará constituida por una embarcación fondeada en un punto de la salida y estará provista de tres banderas una roja, otra blanca y otra azul, la roja y la blanca para primero y segundo premio, respectivamente, de la primera serie, y la azul para el premio de la segunda serie. Las embarcaciones vencedoras (primera y segunda de los botes mayores y primera de los pequeños) se considerarán como tales cuando hayan tomado las correspondientes banderas.

Desfile: Todos los botes desfilarán una vez terminadas la regata frente al edificio del R. C. N.

Matrícula: Para tomar parte en esta regata es preciso matricularse en la secretaría del R. C. N. abonando la cantidad de 100 pesetas. La matrícula se abrirá el día 7 y desde este día al día 9 de las cinco a las seis de la tarde. Tiene preferencia para elegir sitio en la línea de salida el bote primeramente inscrito y colocándose los demás alineados por el orden de inscripción a sotavento del primero. No se permite llevar a los botes ninguna vela más que una sola latina.

Distintivos: Por orden de la matrícula les facilitará el R. C. N. los números y banderolas que ha de llevar cada bote en el penol de la vela. Dichos números, tomados de menor a mayor, servirán para colocar a los botes que tomen parte, en la forma que ya se ha dicho más arriba.

Premios: Para la primera serie, el primer premio consiste, en el importe total de lo que se recaude por todas las inscripciones de los botes de su serie, menos ciento veinticinco pesetas. El segundo premio consiste en las ciento veinticinco pesetas que se descuentan al primero. Esto en el caso que la matrícula sea al menos de cuatro botes, pues si fuese menos, habrá un solo premio consistente en el total menos veinticinco pesetas.

Para la segunda serie. Habrá solo un premio, que consistirá en el total recaudado por las inscripciones de su misma serie, menos veinticinco pesetas.

Nota: En el caso de que un bote de la segunda serie llegue antes que los de la primera, tendrá derecho a los dos primeros premios siempre que haya tomado las banderas roja y azul.

Gratificaciones: A los botes vencidos se les gratificará con cinco pesetas por cada tripulante: considerándoles siete para la primera serie y seis para los de la segunda.

Jurados de salida y llegada: Presidente. D. Gustavo J. Navarro. —Secretario. D. Fernando González. Vocales. D. Julio O. Rodríguez. — D. Félix Navarro. —D. Felipe González.

Comisión de boyas Manuel García. - D. Luis del Castillo. - D. Bernardino Valle. Puerto de La Luz a cuatro de septiembre de 1911.

Hemos decidido incluir este reglamento del concurso organizado por el Club Náutico porque tiene una serie de aspectos que hay que analizar con detenimiento.

El primero de ellos es que a la regata ya se le denomina concurso, denominación que se irá consolidando con el tiempo como un tipo de competición, que irá evolucionando hasta tal y como la conocemos hoy en día.

El segundo de los aspectos a destacar es la creación de dos grupos para competir en el concurso, que se clasificarían por los pies de su eslora: diecinueve pies como mínimo para el primer grupo y menos de diecinueve pies para el segundo. Vemos que se están tomando medidas para equilibrar la competición y también la distinción entre botes grandes y botes chicos, que perdurará hasta los principios de los años sesenta del siglo XX, hasta que los botes chicos desaparecen y solo competirán los botes grandes.

El tercer aspecto es el campo de regatas, que va desde el muelle Santa Catalina hasta el Agujerado, que es un lugar muy cercano a la Mar Fea, con un bordo en popa y otro bordo en bolina, sin balizas intermedias y con el paso por el túnel de la Laja.

El cuarto aspecto a destacar es la modalidad de la salida. En este concurso, la mejor posición, a barlovento, será ocupada por el primer bote que se inscriba y así sucesivamente hasta completar el cuadro, a diferencia con el otro concurso, que celebró el Club Náutico, en el que el barlovento se sorteaba.

El quinto aspecto a comentar es la llegada en la que los botes vencedores tendrán que coger una bandera, roja, blanca o azul, según la categoría. Esta modalidad de llegada, la de coger la bandera se irá utilizando y consolidando, tanto en las pegas como en los concursos, hasta que decae en los primeros años de la década de los sesenta del siglo pasado.

El Sexto aspecto, también importante, son los premios que se establecen a los ganadores, que son un aliciente muy importante para la participación de los botes en este tipo de regatas, pero también se contemplan gratificaciones a los tripulantes de los botes que no hayan ganado.

Por último, hay que destacar la utilización de números para distinguir a los botes participantes, que se volverá a utilizar en otras pegas.

El día 11 de septiembre el Diario de Las Palmas se hace eco de la regata organizada por el Club Náutico:

En la tarde de ayer se verificaron las regatas organizadas por el Club Náutico, tomando parte los botes Perojo, Inocente, La Mañana y Cedrón, desde la boca del túnel de Telde al Puerto. El primero que llegó fue el Perojo y el segundo el Cedrón. También verificose ayer la regata entre el bote de Morán y el Leopoldo Matos, ganando el primero. El último perdió mucho tiempo por haberse varado en las playas de San Cristóbal. Numeroso público presenció las regatas.

En el año 1912 no hay constancia de que el Club Náutico organice regatas de botes, lo que viene a verificar que el club, por lo menos en estos primeros años, no le prestó demasiada atención al deporte de la vela latina, mientras seguía realizando regatas de balandros protagonizados por sus socios.

Sin embargo, la no implicación directa del club en las pegas de los botes de vela latina, no impidió que estos se siguieran organizando para sacar sus regatas adelante, en su mayor parte regatas bote contra bote, que eran las que despertaban más interés para los dueños, los apostadores y los aficionados.

Este año se caracterizó por el protagonismo de dos botes, que fueron casi los únicos que se echaron al agua a regatear, estos fueron El Cedrón y el Perojo, que pegaron en más de diez ocasiones.

Valga un ejemplo que publica el periódico La Provincia el 7 de agosto de 1912:

De las celebradas ayer entre los botes «Cedrón» y «Perojo», triunfó el primero, por cuatro metros de ventaja. Como había mucho interés en la regata, todas las playas y muelles viéronse invadidos por millares de curiosos y de aficionados al sport.

Aunque también otros dueños de botes echaron sus embarcaciones al agua para competir, como el famoso señor Morán, que volvía poner su bote en la contienda deportiva para regatear después de estar casi un año y medio en el dique seco.

A este respecto, el Diario de Las Palmas saca en sus páginas la siguiente noticia el 30 de septiembre de 1912:

Ayer tarde se verificó una regata de botes de vela tomando parte el Morán, Amistad, Villaamil e Inocente. Numeroso público presenció las regatas. Vencieron el Inocente y la Amistad que llegó el segundo a la meta.

Un tipo de regata a cuatro, que no era muy habitual por lo complicado que era poner a los cuatro botes de acuerdo, ya no solo en las cuestiones de las fianzas para poder participar, sino también en lo referente a la toma de la salida. Por esta razón, las regatas más frecuentes eran las regatas casadas porque era más fácil ponerlas en práctica.

El año 1913 es un año extraño, en el que se anuncian varias regatas, pero no se terminan de verificar, ni por parte de los dueños de los botes, ni por parte del Club Náutico que tiene la intención de organizar alguna regata de botes, pero se queda en eso, en la intención y pasa otro año sin prestarle la debida atención a los botes de vela latina.

Ante esta situación los dueños de los botes siguen en sus trece e intentan organizar varias regatas, pero sin llegar a conseguirlo.

La Provincia publica el 27 de febrero de 1913:

Para el próximo Domingo se anuncia una regata entre los botes «Cangrejo» e «Inocente», desde el barranco de Ginámar al muelle de San Telmo. La apuesta es de mil pesetas.

El Diario de Las Palmas el 30 de junio de 1913 menciona una regata entre los botes Cedrón y Perojo que vuelven a intentar competir, con una apuesta considerable:

Entre los botes Cedrón y Perojo están concertadas unas regatas, con 2.500 pesetas de apuesta para el tercer domingo de Julio.

Sin embargo, como digo, todas las regatas anunciadas ese año no llegaron a verificarse, y prueba de ello es la petición que hacen los aficionados del bote Morán en el periódico La Provincia el 22 de agosto de 1913:

Proyéctase celebrar unas regatas de botes, por los partidarios del de «Morán.» Dichos partidarios nos manifiestan que su iniciativa tiene el fin de evitar que termine la actual temporada sin haberse verificado regata alguna. Tomarán parte en ella, el Agustín, Inocente, Perojo, Amistad, y alguno más que se inscriba con las condiciones propuestas por el Club Náutico, en el último año. La apuesta proponen que sea de 100 a 250 pesetas y las regatas tengan lugar el día 8 del próximo mes de septiembre, bajo la dirección del Club.

Esta propuesta cae en saco roto, porque los propietarios de los botes no logran que el Club Náutico organice la regata propuesta ni ellos son capaces de organizarla.

El año 1914 no será diferente y tampoco se tiene constancia de regatas verificadas, aunque el periódico La Provincia publica el 30 de julio el siguiente anuncio:

Con motivo de la festividad de la Virgen de Las Nieves, el día 15 del próximo Agosto se verificará una regata de botes entre el «Inocente» y el famoso «San Agustín», más conocido por «el bote de Morán». Reina gran interés entre los aficionados a este deporte náutico.

No se tiene constancia de que esta regata, anunciada por las fiestas de la Virgen de Las Nieves que celebraba el barrio de Los Arenales, llegara a celebrarse, pero es muy importante el detalle de que, la llama de la vela latina, sigue muy presente en la sociedad de Las Palmas de Gran Canaria.

A partir de este año comienza la Primera Guerra Mundial que afectará de forma directa al incipiente desarrollo del deporte de la vela latina, pero las pegas entre botes se siguen celebrando, con la dificultad añadida del comienzo de una guerra que bloqueará el desarrollo económico a nivel mundial y afectará, directamente, a la economía de las islas que ya, de por sí, era una economía muy dependiente del comercio exterior.

Estas circunstancias hacen que las competiciones de botes de vela latina caigan en picado, pero aun así no dejan de celebrarse.

En el 1915 se anuncian y se verifican varias regatas entre la que destaca la publicada por el Diario de Las Palmas el 9 de agosto de 1915 que decía:

Inauguráronse ayer las regatas de botes de la actual temporada, rompiendo el fuego los ya célebres Perojo y Cedrón, tripulados por D. Rafael Martín y D. Juan Marrero, respectivamente. Al punto de partida en La Laja acudieron infinidad de tartanas con partidarios de uno y otro bote. La partida empezó a las cuatro de la tarde con variadas peripecias y extraordinaria animación. Ganó el Cedrón que llegó a la meta un poco antes que el Perojo.

Hay que indicar que siguen en liza los botes Perojo y Cedrón y se sigue tomando como punto de salida la zona de la Laja, que parece que ya se ha afianzado como el punto del que saldrán la mayoría de las pegas de botes que se organizan en estos años.

Los siguientes años, en medio de la guerra mundial, 1916-1918, la actividad botera se paralizó por completo, debido, fundamentalmente, a la parálisis económica producida por la guerra que se vivía en Europa, que afectaba, también, a las Islas Canarias y, por ende, a los propietarios de los botes que tuvieron que pasar a una economía de guerra, que afectó de lleno a la competición de los botes de vela latina.

En el año 1919 se intenta retomar las competiciones, pero se consigue, con más pena que gloria, y la primera referencia periodística la encontramos en un evento organizado por el Club Náutico. El 15 de septiembre de 1919 el Diario de Las Palmas relataba:

La primera salida se dio al Perojo y Cedrón que partieron simultáneamente. Por una falsa maniobra, el primero sacó alguna ventaja a poco de zarpar, pero al llegar a la «La Laja», límite de la regata, el último comenzó a ganar terreno que, poco a poco, fue aumentando hasta resultar con una gran diferencia al llegar a la meta. El paso del Cedrón, vencedor en esta regata, como en otras muchas, por el muelle de Santa Catalina, fue saludado con prolongados aplausos. Este bote iba patronado por don Antonio Curbelo y el Perojo por D. Rafael Martín. El premio era cien pesetas, más otras cien de una apuesta de varios socios del Club que estaban destinadas al vencedor. Pero no era el premio lo que se disputaba sino la fama. Suma cantidades de importancia las apuestas cruzadas entre los partidarios de una y otra embarcación. Todas las playas del recorrido y azoteas de las casas estaban llenas, presenciando las regatas, y la bahía presentaba soberbio panorama, cruzada por remolcadores, canoas, automóviles, botes y numerosas embarcaciones menores.

Al analizar esta regata entre el Cedrón y el Perojo, observamos que después de casi tres años sin casi actividad deportiva botera, los seguidores de este deporte no han perdido la afición, y siguen llenando las carreteras aledañas a la costa y las playas para ver a los botes de vela latina.

También es de destacar al Club Náutico que invita a estos dos botes a participar en este evento deportivo, dándole la importancia que tiene en la ciudad de Las Palmas de Gran Canaria.

Por último, resaltar que se sigue manteniendo los aledaños de la Mar Fea como parte del campo de regatas.

Durante los siguientes años, las regatas fueron esporádicas y se seguían celebrando en las fiestas que había en la ciudad.

También había pegas de bote contra bote, como la que se certificó el 28 de agosto de 1922 y que publicó La Provincia el 29 de agosto de ese año, que demuestra que el interés por los botes no se había perdido, pero que también constataba que la Primera Guerra Mundial afectó de manera muy seria a la competición de botes de vela latina.

También el Domingo se celebraron las regatas anunciadas, en las que tomaron parte los botes «Inocente» y «Morán». Dada la salida, desde el primer momento pudo apreciarse que el «Inocente» aventajaba al «Morán», consiguiendo llegar a la meta señalada mucho antes que su contrincante. El premio adjudicóse al «Inocente», que, a pesar de habérsele rajado el velamen, venció por mucho al «Morán».

Esta regata se enmarcó en el programa de fiestas del barrio de Arenales que tendría un recorrido desde [...] «una boya frente al muelle de Santa Catalina, dando vuelta a un pontón situado en la playa de la «Laja», colocándose la meta frente al edificio que ocupa la Comandancia de Marina, haciéndose el desembarco por el muelle de Las Palmas»

El 15 de septiembre del año 1922 el Diario de Las Palmas publica:

El próximo domingo habrá regatas de botes entre los de Morán y Mentado, estando cruzadas importantes apuestas.

El 23 de octubre de 1922 el Diario de Las Palmas habla de una regata entre el bote de Morán y el Inocente:

En las regatas de ayer a la vela entre el bote de Morán y el Inocente se fue a pique el primero, frente al Matadero, siendo recogidos los tripulantes por un remolcador.

El 26 de mayo de 1923 aparece este desafío en el periódico La Provincia:

Dícese que los partidarios del bote «Morán», han desafiado a los del «Inocente», para que ambos botes efectúen unas regatas.

Como ya hemos comentado, los desafíos eran muy frecuentes en los inicios de este deporte y eran promovidos por los dueños de los botes y apostadores, que les interesaba mucho que se realizaran las regatas por el aspecto tanto económico como deportivo.

Desde el año 1924 al 1930 no se tiene constancia de que se celebraran regatas, aunque se tiene constancia de que se celebraron durante las fiestas locales, como la de San Cristóbal, la Naval, las fiestas de la Virgen del Carmen o del barrio de Arenales.

A este respecto el Diario de Las Palmas publica el 31 de agosto de 1928:

Para el día 2 están señaladas las regatas oficiales que anualmente y por esta época celebra nuestro «Real Club Náutico». Las regatas serán de balandros, yolas y botes de vela latina. El anuncio de estos últimos ha despertado un movimiento de gran interés, la afición náutica no puede olvidar aquellas regatas de hace años de intensa emoción entre el «Morán» y el «Chil».

Después de seis años sin que hubiera competiciones específicas entre botes de vela latina, el año 1931 se vuelven a retomar y el

Diario de Las Palmas se hace eco y publica esta noticia el 28 de julio de 1931:

El sábado último se efectuó la regata de botes a vela latina concertada entre las embarcaciones de don Alberto Cancio, recientemente construida en los astilleros de San Rafael por el maestro Francisco Jiménez y compañeros, y la que es propiedad de los hermanos Ceballos. Como punto de partida para dicha regata se eligió el paraje conocido por "Boca barranco", frente al pago de Jinámar. A las tres se dio la salida por el jurado, compuesto por don Tomás Reyes y don Juan Marrero, que marcharon a dicho sitio en una falúa. Numerosos grupos de aficionados presenciaron la salida de los botes, desde las lomas cercanas al túnel de Telde, que continuaron pendientes del desarrollo de la regata desde las playas y calles que dan al mar en todo el trayecto. Al cruzar los botes frente al muelle de Las Palmas, el momento más emocionante de la regata, su paso fue presenciado por una gran muchedumbre. Fue el primero en llegar a la meta, una pequeña embarcación colocada junto al boyón de la campana, en el antepuerto, el bote blanco de los hermanos Ceballos. El premio al vencedor fue de 750 pesetas y entre los partidarios de ambos botes cruzáronse muchas apuestas. Ha sido esta una de las mejores regatas hechas en nuestro litoral y nos complace grandemente que este deporte, que tanto apasiona a nuestra gente de mar, haya vuelto a renacer con tanto entusiasmo. Es de esperar que vuelva a tener la importancia que, en pasadas épocas, para lo cual nos aseguran que ya se construyen varios botes de esa clase.

Esta es una noticia muy importante, que tiene varios aspectos a destacar. El primero, y más importante, es que se vuelven a retomar las pegas entre botes de vela latina después de muchísimo tiempo sin regatear.

El segundo aspecto es que en este retorno se vuelve a retomar el campo de regatas que se venía utilizando desde los primeros años del siglo pasado, que no es otro que el comprendido entre la zona de la Mar Fea y el puerto de La Luz, un campo de regatas que terminará consolidándose con el paso del tiempo.

El tercer dato para destacar es que se utiliza, por primera vez, el histórico Boyón de la Campana, como también pone de manifiesto Daniel Rodríguez Zaragoza en su entrada «El renacimiento "republicano" de la vela latina canaria en Las Palmas. 1931–1933» de su blog Apuntes de la historia marítima de Canarias.

El cuarto dato importante es la construcción de dos nuevos botes para la competición y el anuncio que se están construyendo varios botes para este fin, que viene a demostrar que la competición vuelve con fuerza y que su paralización, después de la Primera Guerra Mundial, dejó mal herida a la vela latina, pero que se vuelve a recuperar con mucha fuerza.

Y el quinto y último aspecto es que las regatas se siguen realizando con premios al ganador como elemento motivador para realizar las pegas.

El día 1 de septiembre de ese mismo año, se vuelve a realizar otra regata entre los botes Cedrón y el bote los Gemelos y así lo contaba el Diario de Las Palmas:

En las regatas de botes celebradas el domingo, que fueron presenciadas por un público numeroso y entusiasta participaron el "Cedrón" y el "Dos gemelos", venciendo el primero, después de una reñida navegación por magnífica ventaja.

El 9 de octubre se anuncia en el periódico La Provincia una regata que organizará el Club Náutico:

Regatas de botes con motivo de las fiestas náuticas que todos los años celebra el Club Náutico, reina gran entusiasmo entre los aficionados a las regatas de botes de vela latina por el concurso que ha organizado el Club Náutico que se correrá el domingo 11 del actual mes de octubre. Entre los botes del primer grupo, tomarán parte las conocidas embarcaciones "Cedrón" propiedad de don Alberto Cancio, "Dos Gemelos", "Hans" recientemente construido en la Coppa por el maestro don José García y el "Tiquismiquis" hecho por don Francisco Solís por las mismas cuadernas del célebre "Inocente". La lucha entre estos cuatro botes promete estar muy reñida habiéndose cursado entre los aficionados a este deporte numerosas e importantes apuestas. En el segundo grupo se han inscrito una pequeña lancha de don Alberto Cancio y el bote de don Juan Medina. La entrega de los premios a los vencedores se hará en la verbena que el día 15 del corriente se celebrará en el Club Náutico en honor de La Asociación de la Prensa. El horario y reglamento de esta regata lo publicará próximamente el Comité de Regatas que preside el señor comandante de Marina.

Como vemos el Club Náutico se vuelve a implicar en la organización de las regatas de botes de vela latina, aunque en los últimos tiempos no se había implicado demasiado, con apenas tres regatas organizadas.

El 20 de octubre ese mismo rotativo comenta que la regata organizada por el Club Náutico la ganó el Hans, seguido por el bote República.

El 8 de diciembre La Provincia publica la verificación de la pega entre el Hans y Tiquismiquis:

[...] El Hans vence al Tiquismiquis. El domingo se verificó la anunciada regata de botes, en la que tomaron parte el Hans y el Tiquismiquis, resultando vencedor el primero a cuyo dueño se otorgó el premio señalado de quinientas pesetas.

La Provincia publica el 16 de diciembre la construcción de un nuevo bote:

Próximo al muelle de los señores Woermann Linie están construyendo los hermanos Guadalupe un bote para las próximas regatas. Llevará por nombre "Fermín Galán", y seguramente será uno de los mejores botes para este deporte, por estar su construcción bajo las órdenes del afamado maestro Juan Ramírez.

El año 1932 se abre con un anuncio del Club Náutico que se publica en La Provincia el 12 de abril y dice:

Club Náutico de Gran Canaria
AVISO: A LOS DUEÑOS Y PATRONES DE BOTES DE VELA LATINA
Con objeto de dar a conocer las condiciones bajo las que han de celebrarse las próximas y sucesivas regatas de botes de vela latina, se convoca a todos los interesados para que asistan a la reunión que tendrá lugar en el Club Náutico, el próximo sábado, día 16 del actual.

Esta noticia deja a las claras la intención del club de pasar a la acción, en relación con la organización de las regatas de botes e intentar reglamentar su participación en las pruebas que organizará el club.

El 29 de abril se programa la primera de dos regatas denominada «Copa San Pedro Mártir» que organiza el Club Náutico y aparece en La Provincia la siguiente noticia:

Hoy tendrán lugar las regatas de botes a vela latina patrocinadas por el Club Náutico de Gran Canaria. Los botes inscritos para tomar parte en las mismas, son los siguientes: Número 1, "Fermín Galán"; 2, "Canario", 3, "Juan Rejón", 4, "Hans"; 5, "14.de Abril" ; 6, "Franchy y Roca"; 8, "Tikimiki" ; 9, "Betty"; 11, "Abuelo"; 12, "Cedrón". Ayer tarde, el capitán náutico, don José Goncálvez y el subcapitán, don Luis Ley, en presencia de los patronos, procedieron al sorteo de clasificación de salidas, dando por resultado: Primero, "Fermín Galán"; segundo, "Juan Rejón"; tercero, "14 de

Abril"; cuarto, '"Hans"; quinto, "Canario"; sexto, "Abuelo", séptimo, "Tikimiki"; octavo, "Franchy y Roca"; noveno, "Cedrón"; décimo, "Betty". Los botes que tomarán parte en la primera prueba harán su salida desde el túnel de Telde, a las dos de la tarde. El segundo recorrido será el día 8 de mayo. [...]

Esta regata tiene varios aspectos a comentar, el primero de ellos es el número de botes que van a tomar parte, diez en total, un número considerable que pone de manifiesto el gran interés que hay en la celebración de las regatas de botes de vela latina.

El segundo aspecto es que el Club Náutico parece que quiere tomar parte de esta ebullición botera y comienza a percatarse de la importancia que tiene este deporte náutico.

El tercero de los aspectos es el campo de regatas, que será dirección Sur-Norte, con salida desde el Túnel de Telde. Este detalle es muy importante porque en todos los concursos organizados por el Club Náutico siempre constaban de dos vueltas, la primera hacia el sur y la vuelta hacia el norte, tomando la salida desde el Club Náutico. Quizás esto se deba a que se impuso, en las reuniones previas a la regata, que las hubo, la idea de los boteros de hacer solo el recorrido Sur-Norte y en bolina, que tenía cierta lógica porque la mayor parte de las regatas casadas, se venían realizando desde la Mar Fea hasta el puerto de La Luz.

El último de los aspectos a destacar es la utilización del sorteo para establecer el orden de salida en la regata, un sistema que ha llegado hasta nuestros días.

Las regatas casadas se siguen organizando, como publica La Provincia el 25 de mayo de 1932:

Para mañana jueves, festividad del Corpus, está anunciada una regata entre los botes de vela latina "Cedrón" y "14 de Abril", siendo la salida como en anteriores competiciones desde el túnel de Telde y la llegada en el Club Náutico. El interés por presenciar el match entre las dos famosas embarcaciones es grande y se espera que la lucha será reñida en extremo.

Las regatas, bote contra bote, se siguen celebrando durante este año con gran seguimiento por parte de los aficionados y no están exentas de polémicas debidas a la propia regata e, incluso, a la formalización de los contratos o acuerdos para celebrarlas. Esto se refleja en la prensa y La Provincia publica el día 10 de junio de 1932:

Entre los numerosos aficionados con que hoy cuenta este spor, existe una gran expectación por ver correr al "Hans" con el "Juan Rejón", bote el primero que ostenta el título de campeón, como lo demostró en el Concurso que patrocinó el Club Náutico. Sabemos de muy buena tinta que los dueños del "Juan Rejón" han desafiado con mil pesetas al "Hans", para el próximo Domingo, pero los de este último han rehusado "pegar", sin alegar razón alguna que pueda justificarlo. Es extraño esta decisión por parte del Campeón, toda vez que es un bote mucho mayor y de más camino. Con motivo de esta regata existen rumores nada halagüeños para el "Hans". Sus dueños, por medio de la Prensa, debían de hacer una aclaración exponiendo los motivos que le asisten para no correr con el "Juan Rejón" pues como ya hemos dicho toda la afición está pendiente de este desafío.

La enorme concurrencia que asistió el Domingo pasado a la "Mar Fea" para presenciar la-salida del "Hans." y el "Franchy y Roca", (vencedor el primero por una ventaja de ocho minutos y medio) quedó completamente, desilusionada por ver la forma en que salieron los botes. Nosotros creemos que pegando los botes a la "Aleta" no existe ventaja para ninguno de los dos, siendo de esta forma más lucida la salida. Recordamos cuando corrieron el "14 de Abril" y el "Cedrón" en ésta forma, que fue la regata más bonita de cuantas este año se han celebrado.

Esta noticia también tiene su interés porque, en la primera parte, se habla de los desafíos o retos que se hacían los dueños de los botes y los apostadores, que era una manera de alentar a que las pegas tuvieran lugar porque había, en todos los casos, un interés económico que, a mi entender, estaba, en estos momentos, por encima del interés deportivo.

En la segunda parte de la noticia se habla, quizás por primera vez, de la modalidad de salida, en concreto la salida a la «Aleta», alentando a que se utilice esta forma de salir del Túnel. Una modalidad que, poco a poco, se fue imponiendo en las regatas bote contra bote, pero que también tenía sus dificultades a la hora de dar la salida como veremos más adelante.

El 23 de junio de 1932 La Provincia anuncia la botadura del Nuevo Chil:

El próximo domingo día 26 se botará el bote de nueva construcción, "Nuevo Chil", dicha botadura se llevará a cabo en la trasera del Gobierno Civil de una a dos de la tarde. Según la opinión de los inteligentes en esta materia, esta embarcación promete ser buena por sus condiciones numéricas.

El 8 de agosto de 1932 el Diario de Las Palmas publica la verificación de una regata entre los botes Cedrón y 14 de abril:

En la tarde de ayer se verificó la regata de botes, deporte que está ahora resurgiendo de nuevo con gran interés. El trayecto a recorrer era el de costumbre, de "La Laja" al Puerto, llegando a la meta el bote "14 de Abril", con cinco minutos de ventaja antes que su rival "Cedrón".

Destacamos esta regata, para hacer notar la ratificación del campo de regatas, que una vez más se pone de manifiesto que «El trayecto a recorrer era el de costumbre, de "La Laja" al Puerto», que, como hemos expuesto a lo largo de este capítulo, este se fue configurando desde los mismos inicios de este deporte, haciéndolo valer sobre otros campos de regatas que proponía, por ejemplo, el

Club Náutico, más cercano a la tradición velística internacional, que utilizaba el triángulo como campo de regatas.

Así el 8 de septiembre, el periódico La Provincia publica una regata de botes que organiza el Club Náutico, junto con otras regatas de otras clases náuticas:

> *Día 11 de septiembre. A las catorce horas. —Regatas de botes de vela latina. Salida Volante. Recorrido: Triángulo; Muelle Santa Catalina, Boya Las Palmas, Boya Isleta, Boya frente a Alcaravaneras, Muelle Santa Catalina. Línea de salida y llegada, imaginaria prolongación Muelle Santa Catalina. PREMIOS - Si 15 inscripciones: Premio. Copa Club Náutico y 750 pesetas. Segundo, 500 pesetas. Tercero, 250 pesetas.*
>
> *Si 12 inscripciones: Premio. Copa Club Náutico y 600 pesetas. Segundo, 400 pesetas. Tercero, 200 pesetas. Si 10 inscripciones. Premio. Copa Club Náutico y 500 pesetas. Segundo, 300 pesetas. Tercero, 200 pesetas.*

El club insiste en realizar una regata dentro de la bahía, volviendo a proponer un triángulo, sin tener en cuenta el campo de regatas, Mar Fea-Puerto de La Luz, que se viene utilizando desde hace muchos años.

El día 14 de septiembre La Provincia publica los resultados de esas regatas, pero no están los resultados de los botes, por lo que se puede deducir que estos no llegaron a participar, quizás, porque no estaban de acuerdo con el campo de regatas que se les proponía.

En resumen, esta etapa, que va del año 1909 al año 1932, se caracteriza por los siguientes aspectos:

1. El factor económico, esto es, las apuestas deportivas, fue el motor principal de la participación de los botes en la competición, que contribuyó a que el deporte se fuera arraigando dentro de la sociedad de Las Palmas de Gran Canaria.

2. Se consolida la configuración del campo de regatas, estableciéndolo desde la Mar Fea hasta las inmediaciones del

puerto de La Luz, tomándose la salida desde los aledaños de la Mar Fea, con dirección sur-norte y en bolina, sobre todo en las competiciones de bote contra bote.

3. Se hace una diferenciación entre botes grandes y botes pequeños, se realizan competiciones divididas, para equilibrar la competición y se intenta regularizar el tamaño de los botes en dimensiones y peso.

4. Los tipos de regatas que se realizan son:

a. Bote contra bote, las denominadas regatas casadas, que se consolidan como el tipo de competición que más siguen los aficionados.

b. Los concursos, en los que se compite todos contra todos, pero sin establecer balizas intermedias.

5. Se toma, en alguna ocasión, el Boyón de la Campana como punto de llegada.

6. Los protagonistas de la evolución y desarrollo deportivo de los botes de vela latina fueron los propietarios de los botes y los apostadores.

7. El Club Náutico tiene un papel secundario en la evolución deportiva de la vela latina, al contrario de los que muchos han dado por sentado, pero los datos están ahí; el Club Náutico solo llegó a organizar una decena de regatas en el periodo estudiado, intentando imponer sus criterios deportivos a una modalidad que tenía los suyos propios.

8. En las regatas casadas, el procedimiento de salida que se fue consolidando fue la llamada salida a la «aleta», en el que se sorteaba el bote que salía a barlovento y se daba la salida cuando este estaba a la «aleta» del bote a sotavento.

9. En el procedimiento de salida de los concursos, se fue imponiendo el sorteo, para establecer el orden de salida de los botes participantes.

Tercera etapa: 1933-1945. La Sociedad de Regatas Ahemón y la transformación de la Vela Latina Canaria

Esta etapa es la más importante dentro de la evolución deportiva de los botes de vela latina, porque es en ella donde se van a consolidar y a desarrollar la mayoría de los aspectos deportivos de este deporte, con la participación de la Sociedad de Regatas Ahemón, que será el eje vertebrador sobre el que pivotará toda la actividad deportiva en los años venideros.

El año deportivo se abre con el hundimiento del bote Martín Galán, como así recogía el periódico La Provincia el 14 de marzo de 1933, que titula:

"Haciendo pruebas de entrenamiento se hunde frente a la playa de San Agustín, el bote "Fermín Galán"

En la citada prueba de entrenamiento, también participaron los botes Fyffes, Hans, Porteño, Cedrón y Canario que estaban preparándose para las próximas competiciones.

Las primeras pruebas deportivas comienzan con una regata casada entre el Porteño y el Goodrich el 2 de abril de 1933, haciéndose eco el diario La Provincia en su número de 4 de abril de ese mismo año y, cómo podemos comprobar, siguen siendo este tipo de regatas las que levantan mayor interés entre los dueños de los botes y los aficionados.

El 4 de abril de 1933 encontramos este desafío publicado en La Provincia que decía:

Sr. Encargado del bote "HANS". Presente. Muy Sr. nuestro: Enterados de que el renombrado "Majapapas" se halla con las espuelas afiladas, esperando oportunidad para demostrar que sigue ostentando con razón el alias, nos permitimos, quizás por nuestra inconciencia de noveles, a invitarles a concertar una regata con el joven "FYFFES" teniendo por base de acuerdo las condiciones siguientes:

Una regata a celebrar el Domingo, 16 del corriente, desde el Túnel de Telde, siempre que reine en dicho día los vientos de la cabeza.

Derecho a la revancha, del cual podrá hacer o no, a voluntad, el derrotado.

Un premio de 500 pesetas para el vencedor. (Y la misma cantidad de efectuarse la revancha).

Sin otro particular aprovechamos la oportunidad para ofrecernos a ustedes. Atentamente los propietarios del Fyffes.

Este desafío tiene tres puntos importantes a destacar. El primero de ellos es que la salida se sigue manteniendo en el Túnel de Telde o de La Laja. El segundo es que «reine en dicho día los vientos de la cabeza», es decir, que el viento sea del norte para poder realizar la regata en bolina, y el tercero y último es que se sigue utilizando la motivación económica para realizar las regatas.

El 25 de abril de 1933 aparece en un anuncio la Sociedad de Regatas Ahemón como organizadora de un concurso patrocinado por la empresa Tabacos y Cigarrillos nueva España, con la dirección técnica del Club Náutico.

La Sociedad de Regatas Ahemón se encargará de la ejecución del Concurso, cuya dirección técnica estará a cargo del CLUB NÁUTICO.

El Club Náutico hace de nuevo su aparición y anuncia una regata de botes que tendrá lugar por las fiestas de San Pedro Mártir. La Provincia publica el día 11 de abril de 1934:

Los elementos deportivos del Club Náutico organizan para los días 29 y 30, en que se celebra la incorporación de Gran Canaria a Castilla, regatas de botes de vela latina. La inscripción se encuentra ya abierta en la Secretaría del citado

Club, el plazo terminará el día 26, a las seis de la tarde. Los derechos de inscripción: para el grupo A, 25 pesetas y para el B, 20 pesetas. Habrá un premio para el primero del grupo A y otro para el B y, además, se disputará la Copa "San Pedro Mártir" donada por la Alcaldía de esta capital, que se correrá con arreglo al programa aprobado. El Excmo. Ayuntamiento ha ofrecido para estas regatas un premio en metálico, cuya cuantía se señalará oportunamente.

Al tiempo que el club intenta tomar el pulso a los botes de vela latina, estos siguen celebrando sus regatas bote contra bote, porque saben que cuentan con un buen número de seguidores y porque la celebración de estas, les reporta algún rendimiento económico que les ayuda a paliar, de alguna forma, su economía familiar.

La Copa de San Pedro Mártir terminó por celebrarse, pero en la última regata, la celebrada el 14 de mayo de 1933, se produce un incidente que hace que el Club Náutico decline organizar más regatas de vela latina de botes. Así La Provincia publica el 17 de mayo un comunicado del mencionado club:

Como consecuencia de la actitud observada por los partidarios, aficionados y tripulantes de los botes de vela latina al comentar en términos de gran desconsideración y hasta injuriosos, la actuación del Comité designado por este Club para la organización y dirección de las regatas últimamente celebradas, no obstante, la imparcialidad y entusiasmo puesto en el desempeño de su cometido, esta Sociedad en Junta Directiva celebrada en el día de ayer, ha acordado separarse y desentenderse de toda intervención directa en futuras regatas de botes de vela latina, conminándolo así al señor Delegado Marítimo, señor Alcalde y señor Capitán del Puerto.

A pesar de los problemas surgidos con el Club Náutico, las regatas casadas se siguen celebrando, semana tras semana, durante la primavera, verano e incluso otoño de ese año.

La prensa de la época refleja el entusiasmo de la afición por los botes y el Diario de Las Palmas publica el 10 de julio de 1933:

Ayer se celebraron las anunciadas regatas de botes. A las dos de la tarde salieron de la playa de la Laja los botes "Franchy y Roca" y "Betis". Al llegar frente a la Comandancia de Marina se le rompió al segundo la palanca de la vela ganando por este motivo la regata el "Franchy y Roca". A las dos y media de la tarde salieron de Bocabarranco (Telde) los botes "14 de Abril" y "Goodrich", venciendo este último por unos treinta segundos de ventaja. A poco de salir del punto de partida, el bote "Fyffes" a causa de una mala maniobra zozobró, hundiéndose, siendo su tripulación recogida por una falúa de la Casa Fyffes que le seguía de cerca. No hubo que lamentar desgracias personales. Numerosos aficionados presenciaron la regata, viéndose la carretera del Sur extraordinariamente concurrida.

La afición sigue acudiendo en masa a ver las regatas y se hace necesario que un ente ponga un poco de orden en estas competiciones, que se suceden a base de desafíos en prensa, pero sin una entidad deportiva que los aglutine.

El 3 de septiembre de 1933 La Provincia publica el siguiente anuncio:

En virtud del convenio establecido entre la Sociedad de Regatas "AHEMÓN" y los dueños de automóviles, a partir del día de hoy las personas que deseen presenciar las regatas de botes desde su comienzo, necesitarán de proveerse de los tiques, que al precio de pesetas 2,75 cada uno, se expenderán en los establecimientos abajo indicados, y con los que abonarán el alquiler del auto que se requiera.

Aficionados a los botes de vela latina en el túnel de la Laja. Años 30 del siglo pasado. Fuente: Facebook.

Vemos como la Sociedad de Regatas Ahemón empieza a tomar las riendas de la organización de las regatas, y comienza por la ordenación de la asistencia de los aficionados en automóviles para ver la competición de los botes, ya que en aquellos tiempos el transporte público se circunscribía a la ciudad de Las Palmas de Gran Canaria y era muy complicado desplazarse al túnel de La Laja para presenciar la salida de los botes.

El 7 de septiembre de 1933 leemos una noticia en el periódico El Defensor de Canarias que dice que la Sociedad de Regatas Ahemón ha llegado a los siguientes acuerdos:

[...] Admitir la inscripción de la embarcación "Nuevo Chil", clasificándola en el grupo B, e interesarles designe la persona que les represente en el seno de la Sociedad.

Organizar a fines de la actual temporada dos concursos de botes a vela latina, uno participando las embarcaciones del grupo A, y otra para las clasificadas en el grupo B. Con objeto de redactar las bases de las pruebas mencionadas, se nombró una Comisión que forman don Mario Pons, don Alfonso Santamaría y don Sixto Flores. Las bases para el concurso se discutirán en la primera reunión que tenga la directiva de "Ahemón". [...]

De este anuncio, se desprende que la Sociedad de Regatas Ahemón ha tomado las riendas de la organización de las competiciones de los botes de vela latina, ya no solo mediante la inscripción de los botes en su organización, sino con la puesta en marcha de dos concursos con lo que ello significa, ya que serán las primeras competiciones que esta sociedad organice.

De esta forma Ahemón se lanza a organizar dichos concursos. A este respecto, La Provincia publica el 5 de octubre de 1933 el anuncio de esa regata.

El domingo próximo día 8, se celebrará una regata de botes de la clase A, partiendo desde en frente del Cementerio de esta ciudad estando situada la meta en la llamada "boya de la campana". La salida se efectuará a las dos y treinta de la tarde y con intervalos de un minuto irán saliendo los demás. Están inscritos siete botes y sorteados para el orden de salida que será el siguiente: Primero, Fyffes. Segundo, Tomás Morales. Tercero, 14 de Abril. Cuarto, Goodrich. Quinto, Las Palmas. Sexto, Porteño. Séptimo, Colón. En las velas llevarán el mismo número de orden indicado. El motivo de no celebrar el Concurso desde el acostumbrado sitio del Túnel es por haber fracasado las gestiones que se hacían con la Patronal de Transportes para llegar a un acuerdo sobre la subvención a la "Ahemón". Se disputarán dos premios, consistente uno en una copa donada por la fábrica de cigarrillos "La Favorita" y 150 pesetas; además un segundo premio consistente en 150 pesetas.

Este anuncio tiene una serie de aspectos que hay que destacar, el primero de ellos es la consolidación definitiva del campo de regatas, que, aunque en esta ocasión no se utilice por razones técnicas, se sigue hablando que este comprende desde el Túnel hasta el Boyón de la Campana, un recorrido que se seguirá utilizando a lo largo de esos años hasta nuestros días.

El otro aspecto es la difícil organización a la que se enfrenta Ahemón, ya no solo en poner de acuerdo a los dueños de los botes, sino también el llegar a acuerdos con la Patronal del Transporte para llevar a los aficionados hasta el lugar de salida de la competición.

El concurso de la serie B se celebra el 22 de octubre, como así lo refleja La Provincia el 24 de octubre de ese año. De su lectura se desprende que participaron los siguientes botes, Pérez Galdós, Agustín, Franchy y Roca, Abuelo, Juan Rejón, Cedrón y Nuevo Chil.

También se utilizaron cuatro balizas intermedias en el campo de regatas, por lo que se puede inferir que, en el anterior concurso, el de la serie A, también se tuvieron que utilizar.

Es la primera vez que se tiene constancia de la utilización de balizas en los concursos desde la Mar Fea al puerto de La Luz, ya que, en los anteriores concursos organizados por el Club Náutico con el mismo campo de regatas, no se habían utilizado.

La limitación del campo de regatas en los concursos, con balizas, quizás fuera fruto de la necesidad de acercar las pegas a tierra para que los aficionados pudieran disfrutar de este deporte en alza.

Después de celebrados estos concursos, Ahemón sigue organizando regatas casadas entre sus socios. Prueba de ello es la regata organizada entre el bote Las Palmas y el Fyffes, que se publicita en el periódico La Provincia el 8 de noviembre de 1933.

En esta noticia hay que destacar el papel que tiene Ahemón en la celebración de las regatas bote contra bote, que está presente en la puesta en marcha de las pegas, que será fundamental para la evolución deportiva de este deporte, a lo largo de los siguientes años y sentará las bases de lo que hoy conocemos como Vela Latina Canaria.

Tambien hay que destacar en esta noticia, que es la primera vez que vemos la publicidad de una empresa en un bote, ya que hasta el momento no habiamos asistido a la implicacion de las empresas en el deporte de los botes de vela latina.

Bote Las Palmas con la publicidad de Ford. Fuente: 8 de noviembre de 1933. La Provincia

Este detalle nos muestra la importancia que está teniendo la competición de los botes de vela latina en la sociedad de aquellos años, que hace que las empresas locales e internacionales comiencen a mostrar interés por este deporte náutico.

Hasta los últimos meses del año 1933 se siguieron celebrando regatas de botes como las de los botes Fyffes y Las Palmas o Goodrich y Juan Rejón y deja el camino abierto para los años más importantes, en relación con la evolución deportiva, que ha tenido la vela latina hasta el momento.

Estos serán los años 1934 y 1935, dos años que serán fundamentales para la configuración definitiva de este deporte.

Así, en el año 1934 comienzan a anunciarse regatas de botes como la que publicita el Diario de Las Palmas el 31 de marzo:

Anunciase para mañana una tarde interesante para los aficionados a este deporte: Habrá dos carreras: en una pegarán el "Faycán" y el "Domingo Guerra del Río". En el primero irá como patrón Antonio Pitera, en el segundo Juan Izquier. La otra carrera está concertada entre el "Fyffes" y el "Porteño"; éste será conducido por Domingo Oramas, aquel por Antonio Curbelo.

La prensa también se hace eco de un concurso que organizará la Sociedad de Regatas Ahemón. La Provincia publica el 6 de abril de 1934:

Tenemos una buena noticia que comunicar a nuestros lectores aficionados. La Sociedad de Regatas "Ahemón" ha sido invitada para organizar un gran concurso de botes a vela latina, que se celebrará el domingo día 15 de los corrientes, como número oficial de los festejos que las autoridades locales proyectan para conmemorar el advenimiento de la República.

El comienzo del año es frenético porque se suceden multitud de regatas casadas que son organizadas por Ahemón, que se convierte en el dinamizador más activo que ha tenido nunca la vela latina hasta el momento y hace que este deporte se consolide definitivamente como uno de los más importantes, con más seguidores y que rivaliza con el resto de modalidades deportivas, como es el caso del fútbol que, en muchas ocasiones, hace peticiones públicas para que las regatas de botes de vela latina no se solapen, solicitando que se retrasen o se adelanten para no perder aficionados que prefieren ir a ver las regatas que a ver un partido de fútbol.

Muestra de este entusiasmo es lo que publica el diario La Provincia el 8 de abril de 1934:

Para las dos y cuarenta y cinco se anuncia la salida, desde la "Mar Fea" del "Domingo Guerra-Faycán", cuya regata arbitrará don Sixto Flores. Los respectivos patrones son Juan Izquier y Antonio Ortega, llevando como representante a don Agustín Solís y a don Juan Vila. El premio a disputar es de 250 pesetas. Un cuarto de hora después de haber salido los primeros, lo harán desde el mismo punto "Colón-14 de Abril", timoneado el primero por Juan "Picarraña" y el "14 de abril" por Juan Cruz. Arbitrará esta regata don Antonio Velázquez, asistiendo como representantes respectivos don Juan Corvo y don José Medina. El premio al vencedor es de 250 pesetas. Al mismo tiempo que estos botes, tomará la salida en el "Agujerado", "Fyffes-Porteño" bajo las órdenes del árbitro don Pedro Díaz. Se disputan 150 pesetas como premio. Podemos considerar como de revancha las tres regatas, ya que los contendientes, han "medido sus fuerzas" una sola vez.

En verdad es un programa fuerte que suponemos será recibido con satisfacción por los aficionados (¡y dueños de los autos de alquiler!), que van preparando el paladar para los próximos concursos.

El 13 de abril de 1934 La Provincia publica los acuerdos que ha llegado Ahemón para poder celebrar el concurso por el advenimiento de la República:

Transcribimos los acuerdos más importantes. Se aprobó definitivamente la colocación de dos balizas situadas en tierra, frente al Castillo de San Cristóbal y al Parque de San Telmo, que deberán ser tomadas por sotavento. Tratando de que se mantengan el orden entre los botes, antes de tomar la salida, se proyecta colocar un remolcador a barlovento y más a tierra que las falúas entre las cuales han de pasar los botes para ser cronometrados, de cuya popa saldrá un cabo al que deben sujetarse, por orden, todos los botes que toman parte en la

Arbitro y aficionados. 1931. Fuente: FEDAC.

Los botes que participan en este concurso son: de la serie A: Colón, Tomás Morales, Faycán, Fyffes, 14 de Abril, Porteño, Hans, Domingo Guerra del Río, Goodrich, Las Palmas y Canario y de la serie B: Franchy y Roca, Pérez Galdós, Cedrón, Juan Rejón y Nuevo Chil.

Hay que destacar que en este concurso se vuelve a utilizar las balizas, pero en este caso solo dos y colocadas en dos lugares que se vienen utilizando en la actualidad.

Cierto es que el número de balizas irá variando a lo largo de los años, utilizándose dos, tres o cuatro.

También hay que indicar, que el procedimiento establecido para la salida sigue siendo el sorteo previo a la regata, una modalidad que se mantendrá hasta nuestros días, que también ha sufrido transformaciones en los últimos tiempos, acordándose, en la última Asamblea de la Vela Latina Canaria (2019), que se hará un solo sorteo al principio de la temporada y que, a partir de ese momento, el orden de salida será el inverso al de la clasificación; así el último saldrá el primero y el primero el último y así sucesivamente. Lo que viene a demostrar que nuestro deporte es un deporte vivo, en continua evolución y transformación.

Ahemón vuelve a organizar otro concurso, esta vez por las fiestas de San Pedro Mártir. La Provincia publica el 28 de abril de 1934:

Mañana, organizada por la sociedad "Ahemón" se celebrará un magnífico concurso de botes de vela latina, disputándose la copa donada por el Ayuntamiento de Las Palmas. La regata, uno de los más interesantes números de la fiesta conmemorativa de la incorporación de Gran Canaria a Castilla, ha despertado, entre los numerosos aficionados, extraordinario entusiasmo. La hora de salida será a las tres de la tarde, habiéndose inscrito doce botes, entre los de las series A y B.

Dos días después el Diario de Las Palmas hace referencia a este concurso y dice:

Las regatas de botes efectuadas en la tarde de ayer se vieron animadísimas, presenciándolas enorme concurrencia desde diversos sitios de la ciudad, playas, muelle de Las Palmas, Alcaravaneras, y desde los autos que en grandísimo número se trasladaron los aficionados al sitio de salida. Los premios concedidos por el Excelentísimo Ayuntamiento fueron distribuidos en la siguiente forma: Serie A. Primero, "Fyffes". Segundo, "Porteño". Tercero, "Tomás Morales". Serie B. Primero "Benito Pérez Galdós", Segundo "Cedrón". El número de botes inscritos ascendió a catorce, lo que demuestra el interés que en nuestra ciudad ha despertado esta clase de deportes.

Los botes que participaron en este concurso fueron, Interrogación, Goodrich, Guerra del Río, Pérez Galdós, Hans,

Poeta Tomás Morales, Cedrón, Fyffes, Franchy y Roca, Porteño, Juan Rejón, Abuelo y Tamarán.

Después de celebrado este concurso, las regatas, bote contra bote, se siguieron haciendo, celebrándose regatas casadas casi todos los fines de semana, siendo una de las competiciones más atractivas, que levantaban gran interés entre los aficionados y apostadores.

El 22 de mayo de 1934 La Provincia publica una noticia sobre una regata entre el Fyffes y el Tomás Morales y en ella se habla de una nueva forma de dar la salida, que no es otra que la salida a la «aleta» que ya se había utilizado en alguna regata casada anterior.

[...] bajo las órdenes de don Sixto Flores, que puso en práctica una forma de salir más aceptable que las empleadas últimamente. Puesto de acuerdo previamente con los dos patrones, acordaron que el bote de barlovento se pusiese un metro atrás y tres más a la izquierda que el de sotavento. De esta forma no parece difícil la repetición de lo sucedido el domingo anterior.

Lo que viene a demostrar que las salidas a la «aleta» todavía se estaban experimentando, pero con el tiempo, este tipo de salida se irá formalizando en las regatas concertadas.

Ante estas circunstancias, la Sociedad de Regatas Ahemón se plantea la posibilidad de organizar un campeonato con esta modalidad de competición, es decir, bote contra bote, porque saben que tendrá mucho éxito. Así La Provincia publica el 30 de mayo de 1934:

Esta noche se reunirá la Sociedad de Regatas "Ahemón", para tratar asuntos de mucho interés; entre ellos: Acordar la forma de poder celebrar un campeonato, que debe efectuar se desde el punto denominado las "Cañas", en vista de la intransigencia de los chofers.

Esta noticia es de especial importancia porque es la primera vez que existe un interés explícito, en celebrar un campeonato de botes de vela latina para dar salida a un tipo de competición que se estaban celebrando un fin de semana y otro también.

Como dijimos era tal la afición por los botes en estos años, que había días que se tenían que retrasar las pegas o suspender por una causa solidaria, como en el caso que se indica a continuación y que publica La Provincia el 24 de junio del treinta y cuatro:

La Junta directiva de la "Ahemón" tiene el honor de comunicar a la afición que el día 29 de Junio no habrá ninguna carrera de botes dado a que esta Sociedad bajo ningún concepto desea restar realce a los festejos deportivos que se celebrará, en ese día, en el "Campo España" a beneficio de los Tuberculosos de Sóo (Lanzarote). Así también se ha acordado que la recolecta que se haga en las regatas de hoy pasará a engrosar la recaudación para los Tuberculosos de Sóo.

En una regata casada entre el Morales y el Catalina, de la que hace referencia La Provincia el 3 de julio de 1934, se vuelve a indicar la modalidad de salida y se utiliza la salida a la «aleta»:

A las 3,25 el Sr. Curbelo da la orden de partida, correspondiendo al "Santa Catalina" el barlovento y el sotavento al "Tomás".

Como podemos observar la salida a la «aleta» se va imponiendo en las regatas casadas que organiza por Ahemón. El procedimiento para celebrar una regata casada era el siguiente:

Lo primero que se hacía era concertar el desafío, que se hacía o bien en prensa o verbalmente. Luego de aceptar el desafío, se firmaba un contrato que aportaba la Sociedad de Regatas Ahemón, que se hacía responsable de su complimiento.

En este contrato se establecían una serie de condiciones, a saber:

1. **El día de la regata**: donde se indicaba el día y también que los vientos tenían que ser «de la cabeza», es decir en el rango suficiente para navegar en bolina.

2. **La salida y la llegada**: en este punto se establecía que la salida se tenía que hacer «a la aleta» y que la posición de salida, barlovento o sotavento, se haría por sorteo y que en la revancha se intercambiarían las posiciones de la salida. La salida a la aleta era una modalidad en la que la proa del bote a barlovento, no podría sobrepasar, en ningún caso, el banco del palo del bote a sotavento, dejando un espacio suficiente entre bote y bote.

También se establecía el campo de regatas, que iba desde el punto denominado Mar Fea, hasta el Boyón de la Campana, a la altura de la calle Ingeniero Salinas, en el barrio de las Alcaravaneras.

3. **Hora de la salida:** aquí se establecía la hora de la salida de la regata, pero si llegada la hora no estuviera alguno de los botes, se le daría media hora de espera y, en caso de no asistir, se daría la salida al otro bote que deberá completar el recorrido para ganar.

4. **Premio:** también se establecía el premio que ganaría el vencedor.

5. **Revancha:** el vencedor estaba obligado a concederla, dentro de los tres días siguientes, en las mismas condiciones que las establecidas en el contrato que se firma.

El 14 de julio de 1934 La Provincia publica una propuesta de reglamento elaborada por Eliseo Ojeda, presidente de la Sociedad de Regatas Ahemón, que por su interés reproducimos de forma íntegra:

Propuesta de bases para el Campeonato de 1.934. Para tomar parte en este Campeonato, como los que se celebren en años sucesivos, es condición precisa que los botes participantes pertenezcan a la Serie A, y estén adheridos a la Sociedad de Regatas "Ahemón", organizadora oficialmente de estas competiciones. Independientemente se organizará otro campeonato con los botes pertenecientes a la serie B. Esta sociedad al tomar a su cargo estas organizaciones, solo persigue la finalidad deportiva, dando así satisfacción a sus asociados y a los millares de simpatizantes al deporte, que a más de fomentar su desarrollo despejarían la incógnita de la supremacía botística, por la cual todos estamos interesados en grado superlativo. El perseguir simplemente los fines deportivos, no es óbice para descuidar la parte económica que todo programa lleva consigo, así como recompensas a los vencedores etc. y a tal efecto, esta propuesta de bases se divide en tres partes, a saber:

PARTE DEPORTIVA:

1. Dentro de la fecha determinada, los representantes de botes han de hacer las inscripciones tanto de su bote como del equipo de tripulantes que posea.

2. Las tripulaciones inscritas a favor de un bote determinado no podrán pertenecer a otro: pero en circunstancias excepcionales, podrán reforzarse con otros hombres que no figuren en ninguna lista de inscripciones.

3. Los jueces para todas las competiciones serán seleccionados con anticipación al Campeonato y actuarán en cada prueba previo el correspondiente sorteo.

4. Todas las regatas se efectuarán por pareja de botes y desde el sitio conocido por el Túnel de Telde hasta la baliza colocada frente a las Alcaravaneras.

5. Una vez terminada las inscripciones de las embarcaciones, estas se dividirán en dos grupos para dar comienzo a una eliminatoria simple, como sigue:

a) Las embarcaciones de historial o de forma actual inmejorable serán consideradas como cabezas de series y su número ha de ser igual a la mitad de los botes inscritos si estos hacen número par, y de ser impar se toma por base la mitad más uno.

b) Los botes considerados de segundo orden que representan la otra mitad, serán enfrentados en una sola prueba a los de cabeza de serie que por suerte les corresponda, y así obtendremos los vencedores para las pruebas finales.

c) En el único caso que alguna de estas eliminatorias pudiera repetirse, es en aquel de que por circunstancias especiales o aciagas un bote aventajado sobre su contrincante sufra una avería clara y terminante que le imposibilite su marcha normal. Con ello solo se persigue que un bote de calidad superior no quede eliminado por las circunstancias apuntadas redundando, en fin de cuentas, en perjuicio de la vistosidad y eficacia del Campeonato mismo

6. Con los vencedores de las eliminatorias procedentes se entrará de lleno en la fase culminante del torneo. Para ello y previo sorteo, lucharán todos los botes unos contra otros, dándose la puntuación que sigue:

a) 3 puntos al vencedor.

b) 2 puntos al empate.

c) 1 punto, al vencido.

d) O puntos al retirado duran te la prueba o no presentado a la misma.

7. Se declarará, campeón al bote que obtenga mayor cómputo de puntos a su favor. Así se hará para determinar los puestos correlativos.

8. EI desarrollo de cada prueba parcial, ha de ajustarse estrictamente a los usos y costumbres, es decir pegando a la aleta, etc.

PARTE ECONÓMICA:

9. Para la inscripción de los botes no es necesario ir acompañada de ninguna cantidad en metálico; pero si, cada uno aportará cincuenta pesetas en cada prueba que tome parte. Las dos partidas de cincuenta pesetas, más veinte y cinco pesetas que agrega la sociedad "Ahemón", se distribuirán como sigue:

a) 50 pesetas para gastos de falúas.

b) 75 pesetas para el bote parcialmente vencedor.

10. De presentarse el caso previsto en la base quinta apartado c), las setenta y cinco pesetas las recibe él bote que por sus propios medios llegue primero a la meta aun cuando en definitiva no fuera considerado vencedor de la prueba.

PREMIOS II:

Se concederán tres artísticas copas para cada uno de los tres mejores botes clasificados, sin perjuicio de ir acompañado de cantidades en efectivo que se obtengan por donativos. Los días y horas de salida, serán los domingos y festivos, anunciados oportunamente por la Sociedad. Si lo que dejo expuesto pudiera merecer la atención de esa digna Junta Directiva, el que suscribe se dará por entero satisfecho, claro está, haciendo las oportunas rectificaciones a todo aquello que fuese erróneo o estuviera en contraposición con las conveniencias sociales. Las Palmas, 9 de Julio de 1.934. - Eliseo Ojeda.

Como podemos observar, la propuesta de Eliseo Ojeda es un campeonato en el formato de eliminatoria, con una primera vuelta, que se enfrentarán bote contra bote, y los mejores pasarán a una segunda fase en forma de eliminatoria, de todos contra todos, de la que saldrá el campeón. Este último aspecto fue modificado y, en la última fase, los botes también se enfrentarán en el formato que se había utilizado en la primera fase, esto es, el mejor de una liga regular, de bote contra bote, en la que todos se enfrentan contra todos.

En el campeonato propuesto se mantiene el mismo campo de regatas que se venía utilizando desde hacía algunos años, que no es otro que el que va desde la Mar Fea hasta el Boyón de la Campana que estaba situado en la playa de las Alcaravaneras, con enfilación a la calle Ingeniero Salinas.

También el sistema de puntuación que se propone se ha mantenido hasta el día de hoy.

Después de la propuesta presentada por Eliseo Ojeda, la Sociedad de Regatas Ahemón aprueba este reglamento con algunas modificaciones y se publica el comienzo del primer campeonato de vela latina de botes y así lo refleja el periódico La Provincia el 5 de agosto de 1934:

Acuerdos tomados por esta Sociedad en juntas directivas celebradas. Aprobar en definitivo las bases propuestas por don Eliseo Ojeda con algunas modificaciones. Se acuerda crear un fondo común de las aportaciones de los propietarios de los coches asistentes a las Regatas y hacer la distribución en partes proporcionales, entre los botes participantes en el campeonato.

[...] Seguidamente se procedió a la inscripción de los botes que desean tomar parte en el campeonato de la serie A, que son los siguientes. "Minerva". "Fyffes" "Tamarán", "Goodrich", "Faycán", "Santa Catalina" "Poeta T. Morales" "Marino", "Porteño" "y "Las Palmas". Procedido al sorteo para la eliminatoria, dio el siguiente resultado:

Agosto 12: Vela 15, "Marino"-Porteño", vela 6. Árbitro don Gabriel Bruno.

Agosto 19: Vela 4: "Goodrich"-"Faycán" vela 13. Árbitro don Antonio Curbelo. Agosto 26: Vela 1 "Fyffes"-"Santa Catalina" vela 10. Árbitro don Segundo Monagas.

Septiembre 2: Vela 16 "Minerva"-"Poeta T. Morales" vela 2. Árbitro don Benigno González.

Septiembre 9: Vela 5 "Las Palmas"-"Tamarán" vela 14. Árbitro don Cristóbal Dámaso.

En vista de no haberse presentado de los botes de la serie B, más que el "Juan Rejón" se acuerda dar de prórroga hasta el próximo jueves para la inscripción y sorteo de esta serie, rogándosele a los señores representantes asistan a dicha reunión para ultimar este campeonato.

El anuncio de este primer campeonato es un hecho histórico, ya que es la primera vez que se organiza uno para obtener un campeón en la modalidad de bote contra bote, y dar salida a una de las competiciones que más seguidores tiene y que no es otra que las regatas casadas.

Este primer campeonato de vela latina de botes consolida, de forma definitiva, a este deporte, dotándolo de una personalidad propia y distinta de otras modalidades náuticas que se practicaban hasta el momento.

Otro aspecto para destacar es que, en este primer campeonato, participan los llamados botes históricos, como el Porteño, Tomás Morales, Minerva y Catalina que siguieron compitiendo después del resurgimiento en el principio de los años sesenta del siglo pasado.

Hay que indicar que la poca participación de los botes de la serie B es un primer aviso de las dificultades que estaban teniendo los botes llamados pequeños, para seguir la estela de los grandes, ya que estos últimos tenían muchos más seguidores que sus hermanos pequeños.

La Provincia, en su edición del 12 de agosto de 1934, publica el calendario definitivo donde también se incluye los botes de la serie B:

Sociedad de regatas "Ahemón"

CALENDARIO

Agosto 12, Marino-Porteño.
Agosto 19, Goodrich-Faycán.
Agosto 26, Santa Catalina-Fyffes.
Septiembre 2, Poeta T. Morales-Minerva.
Septiembre 9, Tamarán-Las Palmas.

SERIE B

Agosto 26, Cedrón-Franchy y Roca.
Septiembre 2, Franchy y Roca-Juan Rejón.
Septiembre 9, Juan Rejón-Cedrón.

Dichas regatas estarán a cargo del Capitán Náutico de la Sociedad "Ahemón", don Antonio Curbelo Alonso y éste está facultado para delegar en sus compañeros; dará comienzo a las tres de la tarde desde el sitio conocido por el Túnel de Telde.

Los premios a discutir serán dos copas donadas por el señor Propietario de la Droguería Espinosa, las cuales estarán expuestas al público en uno de los escaparates de su comercio en la calle de Triana.

BARGUE

Calendario del campeonato vela latina de botes. Fuente: La Provincia

Después de los primeros enfrentamientos pasan a la siguiente fase Marino, Faycán, Santa Catalina, Minerva y Tamarán, como así lo reflejaba el periódico La Provincia en su edición del día 9 de septiembre de 1934:

Correspondiéndoles por turno a los botes "Las Palmas" y "Tamarán" en el concurso organizado por la Sociedad "Ahemón", el domingo día 9 saldrán estos botes del sitio conocido por "Mar fea" para adjudicarse los tres puntos, que al vencedor lo clasificarán, para tomar parte en la segunda vuelta. Están ya clasificados los siguientes: "Marino", "Faycán", "Santa Catalina" y "Minerva", con el vencedor del domingo se completan los cinco botes que han de disputarse el campeonato [...]

En la regata anunciada, Las Palmas-Tamarán, la termina ganando el Tamarán, que se gana el derecho a pasar a la segunda fase del campeonato organizado por Ahemón.

Mientras las regatas del campeonato se siguen celebrando, las regatas casadas no dejan de hacerlo, porque hay un gran interés entre dueños de los botes, los apostadores y los aficionados que les sabe a poco el campeonato propuesto por la Sociedad de Regatas Ahemón.

Así el 15 de noviembre de 1934 el periódico La Provincia publica:

El "Minerva" campeón de la temporada.

Y el Diario de Las Palmas también publica el 16 de noviembre de ese mismo año:

En la tarde de ayer celebróse la anunciada regata entre las embarcaciones "Faycán" y "Minerva", pega final del campeonato del presente año. La regata resultó interesantísima, asistiendo a ella, por todo el litoral una gran

El Minerva sale campeón de un campeonato histórico para el deporte de la vela latina de botes, que consolidó, de forma definitiva, una modalidad deportiva que llevaba más de cincuenta años surcando los mares de la bahía de Las Palmas de Gran Canaria.

La clasificación de la última fase del campeonato de 1934 quedó de la siguiente manera:

	Minerva	S.Catalina	Marino	Faycán	Tamarán	Total
Minerva	X	3	3	3	3	12
Santa Catalina	0	X	3	3	3	9
Marino	0	0	X	3	3	6
Faycán	0	0	0	X	3	3
Tamarán	0	0	0	0	X	0

Fuente: Daniel Rodríguez Zaragoza.

Así termina un año, el 1934, muy importante para este deporte náutico, que como hemos dicho, puso las bases estructurales y deportivas para el desarrollo de la vela latina canaria de botes.

La temporada del año 1935 comienza con la final del campeonato de los botes de la serie B, que no pudo celebrarse en el año anterior, en la que se enfrentan el Cedrón y el Juan Rejón y se lo adjudicaría el Cedrón como publicaba el Diario de Las Palmas el 18 de marzo de 1935:

Los botes siguen realizando los desafíos en prensa, como el que
hacía el bote Santa Catalina a sus rivales en el periódico La
Provincia el 15 de marzo de 1935:

NAUTICA

El "Santa Catalina", lanza un reto

Sr. Director del diario LA PROVINCIA.

Las Palmas.

Muy señor nuestro:

Por si tiene a bien ordenar su publicación, en 'a sección deportiva de su prestigioso diario, nos permitimos acompañarle, al pie de la presente, una "Nota Náutica".

Esperando vernos atendidos, damos a Vd. anticipadamente, las gracias.

De Vd. attos. S. S. q. e s. m. Por el Bote de Regatas "Santa Catalina".—R. Gutiérrez; E. Pineda.

—o—

La representación del bote "Santa Catalina" hace presente que está dispuesta a concertar una regata con cualquier otro bote de la localidad que figure inscripto en la Sociedad "Ahemón", única que ha venido interviniendo en las regatas, concursos, etc., celebrados desde hace dos años a esta parte, en que el Club Náutico de Gran Canaria tuvo que dejar de prestar su atención a los referidos deportes.

Queda, pues, lanzado el reto.

Por el "Santa Catalina".— R. Gutiérrez; E. Pineda.

Desafío en prensa. La Provincia 15 de marzo de 1935

Las reglas que la Sociedad de Regatas Ahemón impone a sus
socios, siguen su curso y advierte la obligación de llevar la
correspondiente numeración en sus velas, como así recoge una
noticia en La Provincia del 30 de marzo de 1935:

83

participación en los próximos concursos: "Fyffes", 1; "Poeta Tomás Morales", 2; "14 de Abril" 3; "Goodrich", 4; "Las Palmas", 5; "Porteño", 6; "Santa Catalina", 10; "Interrogación", 11; "Domingo Guerra del Río", 12; "Faycán", 13; "Tamarán," 14; "Marino", 15; "Minerva", 16; B "Pérez Galdós", 1; "Cedrón", 2; "Franchy y Roca", 3; "Juan Rejón" 5. Igualmente se hace saber a los interesados, que el día 5 de Abril próximo quedará cerrado el plazo de inscripción para el proyectado Concurso del día 14, cuyos derechos son: Ptas, 25, para los botes de la serie A y 20 para los de la B.

Las regatas casadas se siguen sucediendo, para no perder la forma y volverse a enfrentar en los próximos concursos y campeonato que tiene previsto organizar la Ahemón.

Así Ahemón organiza otro concurso por el advenimiento de la República, como lo hiciera en el año anterior y los botes que se inscriben, según la noticia que publica La Provincia el sábado 13 de abril de ese año, son los siguientes:

El sorteo verificado el martes a la noche en la Sociedad de Regatas, para la salida, dio el siguiente resultado: 1.º, "Guerra del Río" (patrón Juan Izquier); 2.º "Almirante Churruca" (Roque Santana); 3.º "Minerva", (Vicente Quevedo); 4.º "Porteño" (Rafael Martín); 5.º "Tomás Morales", (Antonio del Pino); 6.º "Fyffes". (Gabriel Bruno); 7.º "Santa Catalina", (Manuel Artiles), 8.º "Las Palmas", (Antonio Toledo o Domingo Oramas), 9.º "14 de Abril", (Francisco Ortega); 10.º "Faycán" (José Quintana); 11.º "Tamarán", (Antonio Talavera); y 12.º, "Marino", (Antonio Toledo o Domingo Oramas). Posteriormente se ha dado entrada al "Goodrich" que, como decimos, ocupará el puesto de "Las Palmas" o "Almirante" por inasistencia de éstos.

En la serie B, tenemos: 1.º "Franchy y Roca", (Antonio Ortega); 2.º "Nuevo Chil" (José Morán); 3.º "Juan Rejón",

(Segundo Monagas); y 4.º. "Benito Pérez Galdós", (Antonio Farías).

[...] La salida se dará, en la "Mar Fea", a las tres en punto de la tarde y los botes deberán tomar las balizas, situadas frente al Túnel (fuera), Cardoso, Las Cañas, Parque y Campo España (en tierra). Y después al sitio acostumbrado de meta [...]

[...] La Sociedad de Regatas "Ahemón" espera de los patrones de las embarcaciones participantes terminen las pruebas quince minutos, por lo menos, antes de la hora indicada para la salida y atiendan muy especialmente a las señales que hará el remolcador, previamente indicadas en los programas. [...]

Como observamos en anteriores concursos organizados por Ahemón, se sigue utilizando el campo de regatas habitual, aunque el número de balizas varía de uno a otro, como si no hubiera un criterio normativo a este respecto.

También vemos la advertencia que se hace a los patrones para que terminen «las pruebas» quince minutos antes de dar la salida, para iniciar el procedimiento de salida, que también deja a las claras que muchos patrones no acataban, a raja tabla, las normas que se establecían a ese respecto.

Este concurso no se pudo celebrar el 14 de abril como estaba previsto, sino que se celebró el día 21 de abril, como así lo refleja la prensa de la época, (La Provincia 23/04/1935) ganándolo el Marino, pero también reflejan el malestar entre los miembros de Ahemón, por el comportamiento antideportivo de algunos boteros que no estaban de acuerdo con la toma de tiempos efectuada por los árbitros.

Según avanza el año, los desafíos se siguen celebrando, al mismo tiempo que la organización de los concursos, como el de San Pedro Mártir, que, celebrado el correspondiente sorteo, el orden de salida fue el siguiente, según publica La Provincia el 27 de abril de 1935:

En la reunión celebrada anoche por la Sociedad "Ahemón" se procedió al sorteo de los botes que tomarán parte en el gran Concurso que se celebrará mañana, correspondiendo hacer la salida por el siguiente orden: Primero, "Goodrich"; segundo, "Juan Rejón"; tercero, "P. Tomás Morales"; cuarto, "Nuevo Chil"; quinto, "Almirante Churruca"; sexto, "14 de Abril"; séptimo, "Guerra del Rio"; octavo, "Santa Catalina"; noveno, "Porteño"; décimo, "Las Palmas"; décimo primero, "Pérez Galdós"; décimo segundo, "Fyffes"; décimo tercero, "Cristóbal Colón"; décimo cuarto, "Faycán", y décimo quinto, "Marino".

También se publican la ubicación de las balizas que se colocarán en los mismos puntos que el anterior concurso, es decir, «como nuestros lectores saben estaban situadas frente al Morro del Túnel (fuera), Cardoso, Las Cañas, Trasera Gobierno Civil y Campo España (en tierra).»

Este concurso, en medio de un temporal, lo terminó ganando el Porteño, como publicó La Provincia el 30 de abril de 1935.

El 21 de mayo el periódico la Acción publicaba:

Ayer empezó el campeonato de botes de vela latina

Gran interés había despertado el comienzo del concurso que para la presente temporada había organizado la sociedad náutica "Ahemón", que estaba anunciado para el pasado domingo.

Dos fueron las regatas que correspondientes a dicho campeonato se celebraron. La primera estuvo a cargo de los botes "Marino" y "Faycán", quiénes hacen la salida a las 2 y 30, llevando el barlovento el primero de los mencionados botes.

Desde que "calzaron" pudimos apreciar que el "Marino" se aventajaba considerablemente, pues iba mejor llevado que su adversario, haciendo por tanto más camino. Llegó a la meta con una ventaja de seis minutos.

...a mejorarse considerablemente.

Al llegar frente a las playas de San Agustín, el "Guerra del Rio" llevaba una ventaja a su rival cerca de una vuelta. A partir de este momento y debido a lo expuesto, pierde interés la regata, no mereciendo la pena de seguir reseñando la continuación de la misma. El "Guerra del Rio" derrotó de forma aplastante al "Tomás Morales" por 7 minutos de ventaja.

La puntuación es la siguiente: "Marino", 3 puntos; "Guerra del Rio", 3; "Tomás Morales" 1; "Faycán" 1.

El domingo venidero continuará la lucha campeonil, tomando parte en la primera regata el "Minerva" y "Porteño", y en la segunda "Tamarán" y "Las Palmas".

Acción. 21 de mayo de 1936

Los botes que participan en el campeonato de 1935 son el Marino, Faycán, Guerra del Río, Tomás Morales, Minerva, Porteño, Tamarán, Las Palmas, Santa Catalina y Almirante Churruca.

Este campeonato, a diferencia del anterior, no se celebra en dos fases, sino en una y en forma de liga regular, en la que todos los botes se enfrentan entre ellos, quedando campeón el que más puntos obtenga.

De esta manera, llegan al final empatados a puntos el Marino y el Minerva, y se disputan el campeonato en una regata que termina ganando el Minerva, y se vuelve a proclamar campeón en el año 1935.

Terminado el campeonato organizado por la Sociedad de Regatas Ahemón, las regatas casadas se siguen celebrando y así entramos en el año 1936, un año complicado y triste para la vela latina de botes y para la sociedad española en general y para la canaria en particular.

El diario Acción publica el 4 de abril de 1936:

Para el próximo domingo 5 del corriente está anunciada la inauguración de la Temporada de botes de vela latina, siendo los primeros que rompen el fuego "D. Guerra del Río"- "Faycán" regata que ha despertado gran expectación por la antigua rivalidad que existe entre ambas embarcaciones y que promete estar interesantísima por la actual preparación a que han estado sometidas estos últimos días. La regata tendrá lugar a las tres de la tarde y el sitio de salida, el conocido por Mar Fea por haberse solucionado satisfactoriamente las negociaciones entre la Patronal de coches y la Sociedad de Regatas "Ahemón", por lo que hacemos un llamamiento a la afición deportiva rogándole utilicen los coches pertenecientes a dicha Patronal, que llevarán un distintivo en el parabrisas con la palabra "Ahemón", por ser los que ayudan económicamente al sostenimiento de dicha Sociedad y por consiguiente al deporte náutico.

El periódico La Provincia, en su edición del día 12 de abril de 1936, habla del concurso del 14 de abril, por el advenimiento de la República, en la que destacamos las siguientes líneas:

> *[...] han prometido la participación en el mismo los botes "Fyffes", "Tomás Morales", "D. Guerra del Río", "Faycán", "Las Palmas", "Nob", "Tamarán", "Porteño", "Almirante Cervera", "Almirante Churruca" y "Minerva" [...]*
>
> *[...] La organización y desarrollo de dicho Concurso sufrirá algunas pequeñas modificaciones con relación al del año pasado, como es la de que los botes para tomar la salida en lugar de pasar por la popa del remolcador para ser cronometrados, lo harán por sotavento de una baliza que estará fondeada en el sitio de partida. Esta modificación se ha tomado para evitar el peligro que representa el pasar por la popa del remolcador, que puede motivar algún nuevo accidente [...]*
>
> *[...] También se ha suprimido la baliza de fuera del Túnel, para que las regatas se desarrollen lo más a tierra posible para vistosidad del festival, además de que los botes para la llegada habrán de pasar por el centro de dos balizas, que estarán colocadas frente a la calle Ingeniero Salinas, del barrio de las Alcaravaneras, en situación de Este a Oeste y con una distancia de 15 metros, pudiéndose pasar igualmente para los efectos de cronometraje de fuera para tierra, como de tierra para fuera.[...]*

En las modificaciones de las reglas de este concurso, es destacable la supresión de la primera baliza, la de «fuera del Túnel», buscando dar vistosidad a los aficionados y, seguramente, motivada por las quejas de esos mismos aficionados que gustaban de ver las evoluciones de los botes a ojos vista.

También, como se destaca, la modificación de la línea de llegada, que es tal y como se utiliza en la actualidad, con dos balizas por las que tienen que pasar las embarcaciones, bien por tierra o por fuera.

Este concurso se realiza el 19 de abril, como así lo reseña el diario la Acción en su edición de 21 de abril del 36, saliendo vencedor el bote Porteño y se enumera los botes que han participado y sus patrones:

Nombre de los botes por orden de salida, número de vela y patrones que lo llevaron

El "Domingo Guerra del Río", con el núm. 12 en la vela, primero en tomar la salida de su categoría y patronado por don Juan Izquier, seguido de el "Minerva" con el 9 de vela patronado por don Gabriel Marrero; el "Tamarán con el 14 en la vela y patronado por Gabriel Bruno, el "Faycán" vela núm. 8 patronado por don Vicente Quevedo, el "Studebaker" con el 4 en la vela patronado por don Santiago Monagas, el "Nob" con la vela núm. 3 patronado por don Antonio Ortega "Piteras", el "Almirante Cervera" con el núm. 7 en la vela patronado por el veterano Rafael Martín, el bote "Las Palmas" con el 5 en la vela patronado por don Antonio Toledo, el "Porteño", triunfador de la prueba, con el 6 en la ve-

la patronado por don Luis Guadalupe, el "Santa Catalina" con el número 10 de vela patronado por don Manuel Artiles, el "Fyffes" con el 1 en la vela patronado por don Domingo Oramas y el "Poeta Tomás Morales", con la vela número 2 patronado por don Luis Perdomo.

Acción. 21 de abril de 1936

Después de esta fecha, se vuelve a organizar otro concurso, esta vez el de San Pedro Mártir, según publica el Diario de Las Palmas el 30 de abril de 1936:

[...] Tomaron parte en estas regatas 14 botes, actuando de árbitros, los capitanes náuticos de la Sociedad organizadora don Antonio Velázquez y don José Perdomo Pacheco. Como

jueces de recorrido, don José Medina y don José Armas. Estado del mar rizada y viento terrero del Norte. La salida se efectuó de la Mar Fea. La clasificación final, fue por el orden siguiente: 1. Porteño, que hace el recorrido en una hora 26 minutos y segundos. —2. Nob, tardando 5 minutos más que el primero. —3. Minerva, con un minuto y tres segundos más que el anterior. 4. Tomás Morales, con 17 segundos más. —5. Santa Catalina, un minuto y 24 segundos. —8. Guerra del Río, un minuto y 45 segundos. —7. Faycán, 36 segundos más. —8. Studebaker, 41 segundos. —9. Las Palmas, con dos segundos. —10. Almirante Cervera, con 6 minutos 3 segundos. —11. Colón, un minuto y 9 segundos. —12. Juan Rejón con 3 minutos y 23 segundos. [...]

Después de estos dos concursos, se siguen celebrando regatas casadas, como publica el diario La Provincia el 16 de mayo de 1936, regatas que se verificaron unos días después, venciendo el Minerva al Fyffes y el Faycán al Morales (La Provincia, 19 de mayo de 1936).

NAUTICA

Para el domingo "Minerva" - "Fyffes" y "Morales" - "Faycán"

Al fin y después de dos semanas sin regatas se anuncia para el próximo domingo las regatas "Minerva"-Fyffes" y "Morales-Faycán" estas pegas como no podía ser menos, han despertado desde el momento de hacerse público su celebración, una expectación extraordinaria como lo demuestra los comentarios, pronósticos y discusiones, que se notan estos días en los sitios donde acostumbran a reunirse los aficionados a este deporte.

Con estas regatas, entraremos de lleno en la temporada náutica, pues las dos o tres fechas que quedan libres hasta la iniciación del campeonato que anualmente organiza la sociedad "Ahemón" creemos las llenarán estas regatas que han sido concertadas con revancha, además el bote "Nob" ha retado al vencedor de "Minerva"—"Fyffes", reto que ha sido aceptado por los representantes de ambas embarcaciones, por lo que nos prometemos unas regatas altamente emocionantes por la calidad de los botes que están en danza con estos compromisos adquiridos.

CADENOTE

La Provincia. 16 de mayo de 1936

Las pegas, bote contra bote, se siguen sucediendo, y también las revanchas que se estipulan en los correspondientes contratos, a la espera que comience el ansiado campeonato organizado por Ahemón.

La Provincia publica el 2 de junio de este año una noticia relacionada con el campeonato e indica:

[...] A estas suspendidas regatas, suponemos se le habrá fijado como nueva fecha, la del próximo domingo, última fecha que queda libre, hasta la iniciación del Campeonato que anualmente organiza la sociedad "Ahemón" y que empezará el día 15 del presente mes. Esta sociedad tiene señalada, como fecha para la inscripción de los botes que deseen participar en dicho campeonato, la del jueves próximo 2 del corriente y para lo que es necesario en el acto de formalizar la misma, la cantidad de 150 pesetas, como garantía de inscripción. [...]

Al tiempo, las regatas casadas se siguen sucediendo, como las pegas entre el bote Minerva y el Nob y el Morales contra el Faycán y sus respectivas revanchas que siguen poniendo en forma a sus taifas para el inminente campeonato.

También, en este año, se plantea la posibilidad de que los botes de vela latina puedan viajar a Tenerife para hacer algún tipo de exhibición, como así publican los periódicos la Acción y La Provincia en junio de este año, que da una idea de la importancia que estaba cobrando la vela latina de botes y la intención de exportarla a otras islas bajo la dirección de Ahemón.

La temporada avanza y los desafíos en prensa también, porque es la única manera de seguir con este deporte en liza, para darle salida a los intereses de los dueños de los botes y a los apostadores, que habían crecido como setas en la ciudad de Las Palmas de Gran Canaria, que, como ya hemos dicho, fueron un motor fundamental para el desarrollo y consolidación de este deporte.

La Provincia en su edición del 23 de junio de 1936 hace este anuncio:

NÁUTICA
—o—
Para el representante y dueños del bote - "Faycán"

Según versiones llegadas has
ta los oidos del representante
del bote "Minerva", en las cuales se hace público que no hemos querido aceptar el desafio
que los dueños del "Faycán"
nos han hecho, queremos hacer
constar ante la opinión pública,
que estamos dispuestos a pegar cuando quieran o cuando
lo crean oportuno; bien en una
sola regata o con revancha.

Los dueños citados, tienen la
palabra.

Desafío del Faycán al Minerva. La Provincia.

El periódico Acción publica el 1 de julio que el campeonato comenzará el 12 de ese mismo mes:

El lunes a las 9 y media de la
noche se reunió en Junta la Sociedad de regatas "Ahemón" y entre
otros acuerdos de importancia se
tomó el que el Campeonato de botes a vela latina para este año, comience el día 12 de este mes, por
lo que desde mañana jueves quedará abierta la inscripción para los
botes que deseen participar en dicho Campeonato. También se acordó que según sea el número de botes inscriptos, sean las regatas de
dos o cuatro embarcaciones.

Acuerdo de Ahemón de comenzar el campeonato el 12 de julio de 1936.

La Provincia, el 9 de julio de 1936, publica la relación de botes que se han inscrito hasta el día de la fecha y no son otros que Minerva, Almirante Churruca, Nob, Porteño y Guerra del Rio y se echa de menos la presencia de botes destacados como el Tomás Morales o Santa Catalina, pero tampoco el Fyffes, ni el Faycán ni Las Palmas.

Así, este mismo periódico, el 14 de julio, hace referencia a la primera regata del campeonato entre el Porteño y el Nob, llevándose los tres puntos el Nob.

La Provincia publica el 16 de julio un remitido, que es contestación a una carta, y en su cuerpo se habla sobre si la vela latina es un deporte o un negocio y que reproducimos en parte por su interés, para entender del porqué del desarrollo de este deporte:

> *En otro de los párrafos de su escrito dice textualmente, "nosotros no entendemos del deporte de las pesetas y entendemos que el deporte hay que mirarlo como deporte y no como negocio más o menos interesado", ¿en qué quedamos?, de manera que usted entiende por deporte abstenerse de participar en Concursos y Campeonatos, que es donde a nuestro entender donde tiene este su mayor demostración de pureza y desinterés, como ocurre en el Campeonato actualmente en celebración, en que los beneficios económicos son casi nulos, y en cambio, según, el acuerdo por ustedes tomados, harán regatas casadas, ¿quedaremos entonces en que se hace deporte por hacer deporte, o se hace deporte por el interés del dinero?*

Tal como hemos comentado, la relación económica del deporte de la vela latina de botes es directa, por lo menos en estos primeros momentos, y permite que este deporte se apuntale debido al interés económico de los dueños de los botes y de los apostadores.

La regata entre Porteño y Nob sería la única que se celebraría de este campeonato, porque seis días después, el 18 de julio, el general Franco se subleva contra la República y proclama el Estado de Guerra en el archipiélago, dando el pistoletazo de salida a una guerra civil que duraría dos años.

Sin embargo, las regatas casadas se siguen celebrando después de la sublevación, con varias regatas programadas después de esa fecha, como así lo atestigua el periódico el Diario de Las Palmas en su edición del día 31 de agosto del 36:

Ayer tarde se celebraron dos magníficas regatas de botes a vela Latina, que habían despertado el máximo interés entre los aficionados a este deporte, los cuales quedaron altamente satisfechos del desarrollo y resultado de las mismas. Gran número de personas se hallaban situadas a lo largo de la costa comprendida entre el pontón de salida (frente al túnel de Telde) y la baliza colocada a la altura de "Las Arenas". Los primeros en "agarrar" a las tres y media de la tarde, fueron el "Porteño" y 'Faycán", llegando primero a la meta el "Porteño", por la diferencia de 50 segundos. Diez minutos después de la salida de los anteriores se "fajaron" el "Las Palmas" y "Studebaker", sacando el primero al segundo una ventaja de minuto y medio.

Estos mismos botes se vuelven a enfrentar en la revancha el siguiente domingo, volviendo a vencer el Porteño y Las Palmas, pero sin que haya otras regatas que reseñar.

Posteriormente a esta fecha, se confirmaron pegas entre Porteño y Minerva, como así lo refleja el Diario de Las Palmas el 10 de septiembre de 1936:

En las regatas de botes celebradas el domingo se vieron muy concurridas, ganó el "Porteño" al "Minerva" por la pequeña diferencia de un minuto y cuatro segundos.

La regata despertó grandísimo interés presenciándose las incidencias de la misma desde el Parque desde San Telmo, muelle de Las Palmas y calle de la Marina, y asistiendo a San Cristóbal, sitio de la salida, muchos simpatizantes de ambos botes en guaguas y automóviles, dando un animado aspecto durante las horas de la "pega". Se hicieron muchos elogios de los patrones de las citadas embarcaciones por la pericia y competencia demostrada.

Hay que destacar, de esta regata, que la salida no se hace desde el Túnel de la Laja, sino de San Cristóbal, muy probablemente desde La Puntilla como se hacía antaño.

Las regatas, bote contra bote, se siguen sucediendo en el mes de septiembre, como la revancha entre el Minerva-Porteño o la del Nob contra el Faycán.

Con la guerra civil generalizada, las condiciones sociales, políticas y económicas son muy complicadas y las competiciones entre botes se hacen cada día más difíciles y el año 1937 comienza sin ninguna regata.

Un reflejo de esta situación social que se vive, es la negación de ayuda económica a la Sociedad de Regatas Ahemón por parte del Cabildo Insular de Gran Canaria como publica el periódico Acción el 22 de marzo de 1937.

Se desestima una petición de auxilio económico que hace la Sociedad de Regatas Ahemón, teniendo en cuenta las circunstancias difíciles por que pasa la economía de la Corporación.

En abril, Ahemón vuelve a intentarlo, presentando otra solicitud en el Cabildo Insular de Gran Canaria, como publica el diario La Falange el 22 de abril de 1937:

Se desestimó una instancia del Presidente de la Sociedad de Regatas "Ahemón", solicitando ayuda económica para las próximas competiciones de botes a vela.

Como leemos, Ahemón intenta buscar ayuda en las instituciones, para poder reorganizarse ante la dramática situación que se vive en Gran Canaria y poder seguir celebrando las regatas de botes de vela latina, pero sin mucho éxito.

En 1938 la situación es más que complicada, con la guerra civil en pleno apogeo y la situación política, social y económica en Gran

Canaria es casi insostenible, que pasa factura al deporte de la vela latina de botes.

Ya, en el año 1939, con la guerra terminada, el diario La Falange publica el 14 de julio un anuncio por los actos de la conmemoración del 18 de julio:

Por la tarde. —Regatas de botes a vela latina, con premios.

Este diario publica el 17 de julio la relación de botes que tienen intención de participar en este concurso:

[...] Sabemos concurrirán a este Concurso, la mayoría de las mejores embarcaciones con que contamos, como son: el "Minerva", "Nob", "Las Palmas", "Marino", "Porteño", "Colón", "Studebaker " y algún otro que no publicamos por no ser segura su participación. [...]

El mismo día del concurso, La Falange publica la relación de botes que van a participar, el campo de regatas, la colocación de las balizas y los premios:

El pasado sábado, y con asistencia de los representantes de cada bote, se verificó el sorteo de los mismos, que dio el siguiente resultado para el orden de salida: 1. ° "Marino", que irá patroneado por Gabriel Bruno; 2. ° "Las Palmas", que lo será por Manuel Artiles; 3. ° "Minerva", patrón Antonio Ortega, 4.° "Colón", patrón José Quintana; 5. ° "Nob" patrón Vicente Quevedo y 6. ° "Porteño" patrón Domingo Oramas. La salida será de 3 y media a 4 de la tarde. Habrán 3 premios: 200 pesetas el 1°, 150 el 2° y 100 el 3°. El recorrido será el de costumbre salida de sotavento del Túnel y llegada frente a las Alcaravaneras. A lo largo de este trayecto habrá cinco boyas además de las de salida y llegada y estarán situadas, la 1ª a unos mil metros más o menos de tierra a barlovento del Túnel, la 2ª frente a Cardoso, la 3ª a barlovento del castillo de San

Cristóbal, la 4ª frente a la trasera del Gobierno Civil y la 5ª frente al Campo de España. Estás cuatro últimas serán todas por tierra a unos pocos metros de la orilla.

El 20 de julio, este mismo periódico nos ofrece una crónica sobre el concurso que gana el Porteño:

[...] El Porteño, bote ganador, hizo una brillantísima regata, saliendo el último y llegando el primero, después de pasar a la delantera desde los primeros momentos de la regata. [...]

Puesto	Bote	Tiempo
1	Porteño	1h 31′ 15″
2	Marino	1h 33′ 42″
3	Nob	1h 34′ 27″
4	Minerva	1h 35′ 07″
5	Las Palmas	1h 35′ 53″
6	Colón	1h 41′ 36″

Daniel Rodríguez Zaragoza nos ofrece los resultados de este concurso:

El 6 de agosto La Falange publica un anuncio de una regata casada entre Porteño y Minerva:

Como habíamos anticipado el pasado martes, el "Porteño" ha pedido la revancha a su ganador del pasado domingo y ha quedado ultimada para celebrarla esta tarde. Esta regata ha despertado quizás más expectación que la anterior, derivada de lo reñida e indecisa que estuvo la misma y que fue motivo para hacernos pasar grandes momentos de emoción que con toda seguridad veremos esta tarde repetidos. La hora de salida será

*de 3 y media a 4 de la tarde y los botes irán patroneados por
Antonio Ortega el "Minerva" y Domingo Oramas el "Porteño"*

El 20 de agosto nos encontramos con la noticia que publica el
diario La Falange que dice:

*"PORTEÑO-MINERVA" SE ENFRENTARÁN NUEVAMENTE ESTA
TARDE*

*Nuevamente, y por tercera vez en lo que va de temporada,
veremos enfrentarse a los que, a juzgar por las "ganas" que se
tienen, ya podremos llamar "eternos rivales", "Porteño-
Minerva". Indudablemente, esta nueva regata de hoy es otro
"plato fuerte", al igual que lo fueron las dos anteriores y con
toda seguridad lo saborearán con toda complacencia los
numerosos aficionados a nuestro viril deporte náutico. La
expectación, como no podía ser menos, es grandísima y todos
esperamos esta tarde ver reanudadas las grandes emociones
que nos hicieron sentir estos dos botes en su última regata,
celebrada el pasado día 6 del corriente, regata, a nuestro juicio,
la más bonita y emotiva que hemos presenciado a lo largo de
las últimas temporadas. [...]*

Una noticia importante porque nos relata que, Porteño y
Minerva, llevan algunos fines de semana enfrentándose y que hay
ganas de retomar las pegas entre botes de vela latina. Los patrones
fueron, en esta ocasión, Antonio Ortega por el Minerva y Domingo
Oramas por el Porteño.

Este mismo periódico, el 22 de agosto, confirma la regata,
ganándola, claramente el Porteño por más de cuatro minutos.
También se queja el redactor de la noticia de que no hubo mucho
público porque se adelantó en una hora la regata y muchos llegaron
cuando esta ya había comenzado.

*Ante todo, la hora de salida, pues haberse adelantado una
hora por órdenes de las autoridades superiores fue motivo para*

que gran parte del público por no estar enterado de dicho adelanto, no llegase a tiempo de presenciar la salida y algunos incluso, no vieron de la regata nada más que sus últimos momentos. La concurrencia de público al Túnel, como consecuencia de esto, no fue lo numerosa de otras veces, aunque luego por todo el litoral del recorrido y en sus sitios estratégicos, como San Agustín, Mataderos, Pérez Galdós, Comandancia y Alcaravaneras, con la llegada de los rezagados, ya presentaba el espectáculo la animación de otros domingos anteriores. [...]

El día 30 de agosto vuelve La Falange a dar cuenta de otra regata, la cuarta, entre el Porteño y Minerva, que la gana el Porteño porque el Minerva rompe el palo. El redactor de la noticia, «Latino» hace un llamamiento:

Ahora nos vamos a permitir hacer un llamamiento a los botes "Marino" "Faycán" y Las Palmas" a ver si se deciden a concertar alguna regata, pues su buen estado de preparación, así nos lo hacen esperar. A última hora nos dicen hay en perspectiva una regata "Faycán-Porteño", para el domingo.

El periódico La Falange, el 1 de octubre, vuelve a hacer referencia a regatas casadas entre Porteño y Minerva:

Como desempate se ha concertado para esta tarde una nueva regata "Minerva-Porteño". Como recordarán nuestros aficionados, en la temporada actual y en regatas "casadas" se han encontrado estos dos botes en 4 oportunidades, habiendo obtenido la victoria dos veces cada uno. Esta regata de hoy se ha convenido sea sin derecho a revancha y además caso de que hoy se suspenda por falta de viento, se celebrará en uno de los días de la próxima semana. Como dato recordatorio vamos a dar cuenta del historial de las regatas celebradas por estas dos embarcaciones: en regatas "casadas" se han enfrentado 9 veces, en 5 ha vencido el "Minerva" y en 4 el "Porteño", además se han encontrado en Concursos oficiales, 3 veces resueltas todas ellas a favor del "Porteño"; así que en total el "Porteño" ha ganado 7 regatas y el "Minerva" 5. En la regata de esta tarde la salida será a las 2 y media; árbitro don José Ramón y patronearán los botes los mismos que en las regatas anteriores.

El año 1939 acaba con estos enfrentamientos y con la ilusión de que se vuelvan a retomar las competiciones después de dos años, 1937 y 1938, sin que hubiera ni una sola regata.

Sin embargo, el año 1940 fue un año que pasó en blanco para la competición de vela latina de botes, porque no se realizó ninguna regata de la que tengamos constancia.

Hay que decir que después de la guerra, el control férreo y la represión siguió a la orden del día en Las Palmas de Gran Canaria y quizás ese fuera uno de los motivos por los que ese año no hubo regatas.

Ignacio Martel, quien fuera años después presidente de la Ahemón, publicó el 19 de agosto de 1957, una carta en el diario La Falange, en la que, entre otras cosas, decía:

[...] La historia la conocemos todos; la guerra..., restricciones impuestas obligadamente por la cosa militar y como aquel banco, en el que pusieron el letrerito de "cuidado con la pintura", que al olvidarse de quitarlo hizo que el banco, fuera "tabú" años y años, la prohibición de las regatas continuó aún cuando al terminar la guerra habían desaparecido las causas que la habían impuesto. Nadie se había acordado de retirar el letrerito [...]

En este sentido, Mentado Gil, en su libro «Botes y barquillos de Vela Latina Canaria» recoge unas manifestaciones de Agustín Rivero Suárez, Garrucho:

No hay que olvidar que la represión franquista, después de finalizada la guerra, siguió y hubo muchos casos de asesinatos indiscriminados llevados por bandas de fascistas, como las Brigadas del Amanecer. Muchos de estos represaliados se tiraban al mar y es muy verosímil que, algunos de esos cadáveres, aparecieran en la costa y, también, que las autoridades, para evitar escándalos, paralizase toda actividad deportiva en la costa, hasta controlar la situación que, en muchos casos, se les fue de la mano.

Sin embargo, a pesar de pasar el año 1940 de vacío, el año 1941 comienza con ímpetu, y a principios de enero empiezan a movilizarse los aficionados a este deporte, como refleja La Provincia en su edición del 9 de enero de ese año:

Quizá antes de lo que habíamos pensado, será posible el volver a ver las regatas a vela latina, que constituían una de las más destacadas y concurridas pruebas náuticas de nuestro Puerto. Parece ser que el gran aficionado don Juan Cardoso Ortega, está trabajando activamente para ultimar algunos trámites y reanudar las emocionantes regatas veleras, para las cuales se dice que cuenta con dos antiguos y renombrados botes a los que, con unos pequeños toques, se les dejará dispuestos a repetir sus hazañas de antaño.

El periódico La Falange habla, en su edición del 19 de enero, de una regata entre el Minerva y el Marino, programada para el domingo 26 de enero:

[...] Se anuncia como segura, salvo que el tiempo lo impida, una regata a vela latina que tendrá lugar el próximo domingo, día 26, entre los equipos «Minerva» y «Marino». [...]

La intención de volver a retomar las regatas de botes de vela latina es clara y hay varios entusiastas que se interesan en ello, como el comandante Martel, que en palabras a la radio local Radio de Las Palmas, de las que se hace eco La Provincia en su edición del 29 de enero:

[...] Terminó el señor Martel su amena charla, destacando que, después de la reunión que el viernes de esta semana, tendrá con los propietarios y patrones de botes de vela latina, espera poder anunciar gratos acontecimientos a la afición de Las Palmas.

El 3 de febrero La Provincia hace referencia a la regata de revancha entre Minerva y Marino:

En la tarde de ayer, las embarcaciones "Minerva" y "Marino", corrieron nuevamente en competición de revancha. Como en la del domingo anterior, el "Minerva", al que otra vez vamos a tener que llamar la "escoba", realizó una sobresaliente travesía, sacando cinco minutos de ventaja al "Marino" [...]
[...] Las regatas de vela latina vuelven nuevamente a despertar gran entusiasmo y ya se anuncia la aparición del popular bote "Porteño" y otro que aún no sabemos el nombre. En la organización de estas regatas y en la de un concurso, del que nos ocupáremos oportunamente, interviene el incansable animador de estos deportes, don Ignacio Martel, comandante del "Xauen" [...]

Días después se enfrentan el Minerva y el Porteño, ganando esa regata el Minerva por más de un minuto, como así comenta el diario La Provincia en su página deportiva del 17 de febrero de 1941.

El entusiasmo por los botes de vela latina vuelve a la ciudad de Las Palmas de Gran Canaria, como así se desprende de la noticia de La Provincia del 18 de febrero:

De día en día aumenta el interés hacia este típico deporte. La regata del pasado domingo congregó a lo largo del recorrido —Mar Fea-Alcaravaneras— numerosa concurrencia de aficionados. Para el próximo sabemos existe un desafío del "Marino" al bote "Porteño", vencido anteayer por el "Minerva", regata que habrá de ser muy interesante pues las dos embarcaciones —"Marino"-"Porteño"— tienen cuentas pendientes desde hace bastante tiempo. Asimismo, podemos anunciar que tanto las casas de gallos—San José y Triana— como la Patronal de Taxis, han ofrecido ayudas económicas a los organizadores de las regatas de vela Latina.

Con este ánimo renovado, después de unos años en el dique seco, algunos botes se animan a volver a la competición, como el Goodrich. Así lo publica La Provincia en su edición del 22 de febrero:

En breve aparecerá el "Goodrich", que se llamará en lo sucesivo "Ícaro". También se anuncia la reaparición de los otros botes pequeños que variarán asimismo su nombre, pero no sus ganas de ganar, hablando inclusive sus propietarios de hacer "morder el polvo" al "Minerva". [...]

Muestra de que se vuelven a retomar las regatas, es otra pega confirmada entre el Porteño y Marino que publica La Provincia el 24 de febrero del 41.

De esta forma, el año 1941 será el año en que se retomarán las regatas de vela latina de botes, con el visto bueno, claro está, de los mandos militares que ven, con buenos ojos, que las regatas de vela latina vuelvan a surcar las aguas de la bahía, con el fin de enmascarar el férreo control militar que había en la ciudad y la situación de una economía de posguerra, el llamado «opio para el pueblo»; mientras estén viendo las regatas de botes no pensarán en otra cosa.

En este punto, la Sociedad de Regatas Ahemón vuelve a coger la manija de la organización de las regatas de botes, como lo hiciera a comienzos de 1933 cuando el Club Náutico desistió de seguir con su organización.

Sin embargo, la situación no es fácil y así lo refleja la carta que se publica en La Provincia el 29 de marzo:

*de dinero a abonar semanalmente en un plazo de dos meses —
plazo que estimó suficiente para la reorganización de la
Sociedad Ahemón— pudieron celebrarse las regatas que hemos
visto. Hoy ha vencido este plazo y la vela latina se encuentra
con tan reducidas fuentes de ingreso, que es imposible
continuarla. Aun cuando tengo la triste experiencia de que
cuantas veces he hablado por la radio para pedir dinero con
este fin, han caído mis palabras en el vacío, no quiero
resignarme a que lo que tantos esfuerzos ha costado sucumba
por unas cuantas pesetas, por ello vuelvo a dirigirme a la
afición para repetirle lo tantas veces dicho: una peseta que
diera cada aficionado sería suficiente para celebrar varias
regatas semanales. Algunos no podrían dar ni eso: pero hay
muchos, los que se juegan mil pesetas a un bote, que podrían
dar algo más y compensar la de los que no pueden darla. Yo
tengo seguridad de que, si se lo pidiera, correrían los botes sin
reclamar el menor premio, pero esto sería terriblemente injusto,
pues la cantidad que cobra cada tripulante del bote vencedor es
apenas 15 pesetas [...]*

Esta misiva viene a demostrar lo fuertemente ligada que estaba
la vela latina a la economía para poder subsistir, que, como hemos
planteado más arriba, la economía, a través de las apuestas
deportivas, fue uno de los motores fundamentales para el desarrollo
de este deporte, donde todos los participantes, directos e indirectos,
obtenían algún tipo de beneficio económico por participar en las
regatas, en la que la afición deportiva quedaba en un segundo plano
y, más, con la precaria situación económica de posguerra en la que
estaba la sociedad Grancanaria.

A pesar de esta situación, las regatas entre los botes se siguen
sucediendo, como la programada para el 20 de abril entre el
Tamarán y Marino, como publica el diario La Provincia el 18 de
abril de ese mismo año.

Uno de los acontecimientos de este año, y preludio del
campeonato que tendrá lugar este mismo año, es el concurso San

Pedro Mártir, en el que viene programando regatas de botes de vela latina desde mediados del siglo XIX y que será la prueba de fuego para ver si los botes están o no preparados para competir al más alto nivel.

El 30 de abril, La Provincia, hace una reseña del concurso en la que nos cuenta que el Marino se hizo con el concurso después de una excelente regata, imponiéndose a los dos favoritos, el Porteño y el Minerva y haciendo el recorrido en 1 hora y 37 minutos y 36 segundos.

Llegados a este punto, Ahemón consigue poner en marcha el tercer campeonato en 1941, después de los celebrados en 1934 y 1935 que ganó el Minerva. En este campeonato participaron los siguientes botes: Minerva, Porteño, Marino, Guerra del Río, Santa Catalina, Poeta Tomás Morales, Tamarán y Nob que se prolongaría del 18 de julio de 1941 hasta el 19 de octubre de ese mismo año.

Rodríguez   SASTRE
TRIANA, 29

Núm. de orden	BOTES	FECHA		Tiempo	Vencedor
1.ª	Minerva - Porteño	18	Mayo		
2.ª	Marino - Guerra	25	Mayo		
3.ª	Catalina - Morales	1	Junio		
4.ª	Tamarán - Nob.	8	Junio		
5.ª	Minerva - Marino	12	Junio		
6.ª	Porteño - Guerra	15	Junio		
7.ª	Catalina - Tamarán	22	Junio		

CAMISAS Fabel

Calendario campeonato de 1941. Fuente: Agustín Valido.

Pocos días después, el 22 de mayo, se organiza otro concurso de la mano de Ahemón, patrocinado por la empresa «Ron el Indiano» del que da cuenta el periódico La Provincia en su edición del día 23 del que se destaca los incidentes acaecidos en el concurso:

[...] De los diez botes, no compareció el "Tamarán", por hallarse, su patrón ausente. El "Santa Catalina" sufrió la rotura del palo al ir a tomar la salida, el "Juan Rejón" se fue al fondo (sin mayor sorpresa por nuestra parte, que lo presentimos al observar el velote que llevaba), y el "Guerra del Río" abandonó por pérdida de la orza. Quedaron, pues, nombrados por el orden en que salieron: "Porteño", "Nob", "Marino", "Colón", "Tomás Morales" y "Minerva" [...]

[...] Si esto no fuera suficiente para calificar de antirreglamentaria la salida y nula la regata, citaremos el desanclaje de la baliza del Parque, perjudicando tanto a los botes de cabeza que —con altura calculada para pasarla ceñidamente tuvieron que ir en su caza en semi-popa, desandando el camino recorrido—, como benefició a los más rezagados, que vieron como dicha meta de paso iba a su encuentro. [...]

Posteriormente, Ahemón decide anular el concurso patrocinado por Ron el Indiano, como publica La Provincia en su edición del día 6 de junio:

El Comité de Regatas de la Sociedad "Ahemón", en su reunión celebrada el sábado día 31 del pasado mes de mayo, ha acordado anular el Concurso celebrado el día 22 del mismo, por haberse ido al garete (desplazamiento de su sitio), la baliza colocada entre el sotavento del martillo del muelle de Las Palmas y extremo del parque de San Telmo, lo que de acuerdo con todos los reglamentos internacionales de regatas a vela, es motivo más que suficiente para que no pueda considerarse válida la prueba, pues es cosa perfectamente clara que si la baliza deja de estar fija en el sitio que se le ha fijado de antemano y no ha habido tiempo material para rectificar esta anormalidad, están los botes que han salido en distintos momentos, en desigualdad de condiciones, llegando alguno hasta a tener que desandar parte del camino andado para ir a tumbar sobre ella. [...]

Este punto deja muy a las claras el grado de formalidad que había adquirido la competición de los botes de vela latina, que ya tenía una estructura deportiva definida y clara, con una organización, la Sociedad de Regatas Ahemón, que velaba, en todo momento, porque se cumplieran las normas de regata, tanto las propias de la modalidad deportiva como las reglas internacionales.

Pero ahí no queda el asunto de esta noticia porque después de dar el resultado del fallo del concurso, Ahemón sigue con otro aspecto muy importante para este deporte; el económico, haciendo referencia a las apuestas que, como hemos mantenido, fueron uno de los pilares para el desarrollo de este deporte:

[...] No han dejado de llegar a oídos de esta Directiva, voces de gentes que consideran la vela latina como una fuente de ingresos como producto de las apuestas y para las cuales la palabra deporte, no tiene la menor importancia; ellos han apostado y hubieran hecho un buen negocio si la regata hubiera sido válida y para sus mentalidades judaicas no hay otra cosa que eso, el dinero, un dinero del que no han dado, ni la más mínima parte para las muchas necesidades que tiene la Sociedad "Ahemón" cuya existencia económica es verdaderamente milagrosa. [...]

Y es que a nadie se le ocultaba en aquella época, que la relación entre deporte e intereses económicos era un binomio muy difícil de separar y que muchos veían, en este deporte, una fuente de ingresos extra que ayudaba a completar, en muchos casos, la maltrecha economía familiar de muchos de los implicados en las competiciones de los botes de vela latina. No hay que olvidar que las Islas Canarias, durante muchísimos años, sobrevivió con una economía de subsistencia que se agravó exponencialmente en los años de la posguerra.

Por esta razón, no es raro encontrarnos continuas alusiones a la relación de los botes con las apuestas deportivas de la época y la pregunta que había que hacerse es: ¿hubiera subsistido este deporte sin esa ligazón económica con las apuestas que hacían los propietarios de los botes y los apostadores? Nosotros entendemos que no, que, sin esa relación de beneficio económico, muchos propietarios hubieran desistido de construir botes para competir, porque, simplemente, era una manera de subsistencia para ellos, para sus tripulantes y sus familias.

Las regatas del campeonato se siguen sucediendo, al mismo tiempo que se organizan regatas casadas entre los botes del campeonato, buscando las revanchas, alentados por apostadores y aficionados, como publica La Provincia el 23 de junio de ese año:

Ayer por primera vez en la temporada, se celebraron dos regatas en la misma mañana; una casada Minerva-Marino y otra del campeonato Catalina-Tamarán. Para presenciar las mismas se agregó una enorme cantidad de público en el mirador del Túnel y demás sitios estratégicos del recorrido hasta las Alcaravaneras.

El 2 de agosto La Provincia publica el anuncio de una regata del campeonato, la que enfrentará al Tamarán y al Marino, en la que da un detalle que nos gustaría comentar:

Mañana, domingo, se celebrará la regata del campeonato "Marino"-"Tamarán". Si se confirman las noticias que tenemos, según las cuales el "Tamarán" llevará la vela y tripulación del "Minerva".

Los intercambios de tripulantes entre botes no eran comunes, e, incluso, estaba prohibido reglamentariamente, a no ser que se debiera a circunstancias excepcionales. Desconocemos si estas lo eran o los reglamentos de la época lo permitían, pero viendo cómo iba la clasificación, el Minerva estaba muy interesado en que el Marino perdiese su regata frente al Tamarán.

Los problemas con un campeonato tan prolongado en el tiempo tienen sus consecuencias, en relación con los vientos alisios, como publica La Provincia en su edición del 27 de septiembre:

> *[...] Ante la inseguridad de que los vientos de esta época, es de esperar de que haya un acuerdo entre la Sociedad Ahemón y los botes regateantes para en el caso de que el viento obligue a una nueva suspensión, puedan efectuarse estas regatas en un día laborable de la próxima semana, en cuanto el viento lo permita, pues de esperar a ocupar solamente los días festivos, se corre el riesgo de que se prolongue demasiado el término del campeonato, dado lo avanzada que está la temporada y las características de los vientos por estos días, que no permiten señalar fecha fija para celebrarse una regata, pues lo más probable sería que tendría que suspenderse. [...]*

Este era un problema habitual cuando el campeonato comenzaba tan tarde, como fueron en la mayoría de los campeonatos celebrados, que tenían lugar a mediados de julio y se tenía que prolongar hasta principios de octubre. Lo que implicaba que la frecuencia de los vientos alisios disminuía y los vientos de componente sur se hacían más predominantes.

Por esta razón, se vio la necesidad de ir adecuando las competiciones al rango de fechas en que los vientos eran favorables, marzo-septiembre, porque no hay que olvidar que este deporte siempre se practicaba y se practica contra el viento.

El 5 de octubre el diario La Falange publica la clasificación final del campeonato:

VELA LATINA

Ha terminado el Campeonato de botes a Vela Latina. La puntuación final del mismo es la siguiente:

MINERVA	19 Puntos.
MARINO	19 »
PORTEÑO	17 »
MORALES	13 »
CATALINA	13 »
NOB	11 »
TAMARAN	9 »
GUERRA	9 »

En la que podemos observar que el Minerva está empatado a puntos con el Marino y de esta forma llegarán hasta el final del campeonato, donde tendrán que disputar una regata de desempate para decidir quién es el campeón, que, al final y a la postre, volvería a ser el Minerva, como lo fue en los años 1934 y 1935 y le volvería a ganar al Marino, como lo hiciera en 1935 en una regata celebrada el 5 de octubre de 1941.

Así lo relataba el periódico La Falange el 7 de octubre de este año:

El domingo tuvo lugar la regata «Minerva» - «Marino», que como habíamos anunciado era de desempate para decidir el título de campeón del año 1941, para el que habían quedado igualados en puntuación ambos botes. El triunfo correspondió como se pronosticaba, al «Minerva», por una ventaja de 3 minutos y 24 segundos, después de una regata, deslucida por el estado del viento, muy marero, lo que permitió a los botes de una vuelta larga por tierra solamente, llegar a la meta. El «Minerva», demostró nuevamente su superioridad, incluso con un tiempo en el que muchos creían se vería en dificultades con un viento flojo, lo que parecía daba ventaja al «Marino» por su mayor vela, pero hay que convencerse que en regatas que se desarrollan con las características del pasado domingo, con una vuelta larga para tierra, no hay quien pueda con el «Minerva»; quizás si el «Marino» en vez de seguir esta táctica los busca por repiquetes, más reñida hubiese sido la regata por la mayor rapidez en virar y arrancar del bote azul y si bien el viento no permitía repiquetear mucho, por lo menos hubiesen podido dar cuatro o cinco y desde luego hubiesen defendido algo más los del bote azul sus posibilidades. [...]

De esta manera acabaría el año 1941, con un buen sabor de boca, con Ahemón llevando con autoridad la organización de las regatas de botes de vela latina, con varios concursos celebrados y otro campeonato que añadir a su ficha de organizadores.

La temporada de 1942 comienza con ganas, pero no sin dificultades, propias de una economía de posguerra que se irá agravando a medida que pasan los años y afectará, de lleno, a este deporte.

El periódico La Provincia, en su número del 29 de marzo, comenta a este respecto:

[...] Si analizamos las perspectivas que nos ofrece la temporada próxima a empezar, no dudamos en calificarlas de halagüeñas, aunque no se nos esconden las grandes dificultades materiales con que seguiremos tropezando para la práctica de este deporte, motivadas por la falta de enseres tan necesarios, como velas, palos, cabos y demás, tan difíciles de conseguir actualmente y a lo que hay que añadir el problema de la falúa de convoy en las regatas, por la escasez actual de la gasolina. Pero creemos que, con entusiasmo y disciplina, se podrá buscar solución a todo y seguiremos disfrutando de la belleza y emociones que este deporte encierra en sí. [...]

Sin embargo, a pesar de las dificultades que se plantean, la Sociedad de Regatas Ahemón está decidida a seguir organizando las competiciones de botes de vela latina y se mete de lleno a organizar el campeonato de 1942.

Previamente se concretan regatas casadas, como la que se celebró el 12 de abril entre el Poeta Tomás Morales y el Marino, como así lo publicaba el diario La Provincia el 14 de abril, con la victoria del Morales:

No pudo escogerse para la inauguración de la temporada de regatas de botes a vela latina mejor pareja que la formada por el "Tomás Morales" y el "Marino". Dos botes de gran cartel que siempre que se han enfrentado, han dado pruebas de veloces y han producido inmejorable impresión entre la afición a este típico deporte marino. El "Tomás Morales", después de repetidas pruebas realizadas bajo la experta mano de Domingo Oramas había alcanzado la "forma" deseada, a juzgar por los "técnicos". El "Marino", con su flamante vela recién cortada, había demostrado así mismo en las pruebas, encontrarse en condiciones de pegar con el bote del barrio de San José.

La Provincia publica el siguiente anuncio de Ahemón el 16 de mayo del año en curso:

La Sociedad de Regatas "Ahemón" ha acordado, entre otros asuntos, la organización del próximo Campeonato que comenzará el último domingo del presente mes. Como quiera que para la mejor organización de dicho Campeonato se necesita, sobre todo, saber el número de embarcaciones que han de tomar parte. Se notifica por el presente a todos los representantes de botes la puntual asistencia a la reunión que se celebrará el próximo día 20 del actual, a las 6 y media de la tarde en el domicilio social, al objeto de llenar todos los requisitos concernientes al mismo. Los botes que no sean representados en esta reunión, se considerará que no toman parte en el Campeonato.

Con este anuncio Ahemón da el pistoletazo de salida para dar comienzo el campeonato y comienza su preparación, pero los botes siguen realizando su puesta a punto concertando regatas bote contra bote.

Los botes que participan en esta edición del campeonato son los siguientes: Porteño, Minerva, Morales, Catalina, Gran Canaria, Marino y Tamarán, con un nuevo bote en liza, el Gran Canaria.

El campeonato comenzaría el 31 de mayo como así rezaba un calendario de la época:

Núm. de Orden	BOTES	FECHA		Tiempo	Vencedor
1.ª	Porteño - Minerva T. Morales - Tamarán	31	Mayo		
2.ª	Catalina - G. Canaria Marino - Porteño	7	Junio		

Calendario oficial de 1942. Fuente: Agustín Valido

Dando comienzo con dos importantes regatas Porteño-Minerva y Morales-Tamarán. Hay que destacar un cambio introducido en el campeonato de este año, y no es otro que la celebración de dos regatas por día de competición, a diferencia de años anteriores, que se realizaba una regata por día, lo que hacía que el campeonato se alargara demasiado en el tiempo y llegara al mes de octubre, donde los vientos no son propicios para una práctica, que su principal característica es que la competición se hace en bolina.

La prensa local se hace eco de las regatas del campeonato, como también de las regatas concertadas que se realizan al mismo tiempo. Así La Provincia publica en su edición del día 9 de junio:

El entusiasmo por este deporte era innegable, pero también las dificultades por las que se pasaba, como así lo refleja la publicación en La Provincia del día 14 de junio, que era el preludio de lo que ocurriría en años posteriores:

Era evidente que, ante un sistema de precariedad económica propia de una posguerra, estaba incidiendo de forma directa en el desarrollo y organización de las competiciones de los botes de vela latina, que se superaban a base de mucho esfuerzo e imaginación.

A pesar de estas dificultades, el campeonato seguía adelante y este era la clasificación después de dos regatas a fecha del 16 de junio de 1942:

	R	G	P	P
Morales	2	2	0	6
Catalina	2	2	0	6
Porteño	2	1	1	4
Marino	1	1	0	3
Minerva	2	0	2	2
Tamarán	1	0	2	2
Gran Canaria	1	0	1	1
Fuente: periódico La Falange. Elaboración propia.				

Uno de los datos de que la competición de los botes de vela latina gozaba de un gran interés, era la continua presencia en los medios, con crónicas cada vez más extensas, a una o a dos columnas, que, pese a las dificultades, los aficionados seguían en masa y los medios eran conscientes de ello.

El campeonato sigue adelante, pero no exento de incidencias como la ocurrida en dos regatas de esta competición, Porteño-Gran Canaria y Minerva-Catalina, donde el Porteño rompió la vela y el Minerva trabucó sin remedio y así lo relataba La Provincia el 7 de julio de 1942:

Otra regata que pudo tener fatales consecuencias si no es por el acto noble deportivo y compañerismo del patrón del

"Catalina" y de sus tripulantes, que al ver que el "Minerva" se hundía frente a la Hoya de la Plata y a una gran altura, estando el remolcador bastante alejado, debido al percance del "Porteño" y a no poder forzar la marcha por temor al que venía remolcado, aflojaron la vela y viraron para recoger a los que habían naufragado.

La Provincia publica una reseña de la regata Catalina-Tamarán el 16 de julio de ese año y nos relata:

En «pega» extraordinaria contendieron en la tarde de ayer el «Tamarán» y el «Catalina». Debido al fuerte viento reinante ambas embarcaciones salieron con sus velas rizadas, y hasta muchas veces tuvieron sus patrones que aflojar las escotas por no poderlas meter dentro, particularmente el «Catalina» por llevar más vela que su contrario. Salió a «barlovento» el bote azul, perdiéndolo de salida, porque el «Tamarán» se fue por sotavento y en esta primera vuelta para fuera hace mejor camino que su adversario. [...]

En el extracto de la reseña podemos resaltar dos datos importantes, el primero está relacionado con la vela, cuando el comentarista dice: «ambas embarcaciones salieron con sus velas rizadas». Un aspecto técnico muy significativo, ya que en ese tiempo y, mucho tiempo después, la utilización del rizo era muy frecuente, que consistía en acortar la vela por la parte del pujamen, enrollando la vela hacia arriba y amarrarla con cabos en unos ollaos que había a pocos centímetros del pujamen. Está técnica permitía acortar o alargar la vela en función de las condiciones del viento y utilizarla como elemento estratégico en momentos determinados de la regata.

Otro aspecto a destacar es cuando el redactor dice: «Salió a «barlovento» el bote azul», que nos viene a revelar que la costumbre de sortear el barlovento se sigue utilizando y se ha consolidado tanto en las pegas del campeonato como en las regatas casadas.

El campeonato en su última fase se muestra muy interesante, como expone el periódico La Falange en su edición del día 2 de agosto, con tres botes con posibilidad de ganarlo.

El Calendario nos señala como regatas a efectuar hoy las de "Minerva"-"Marino" y "Morales"-"Catalina". Dos regatas que sobre el panel son interesantísimas, pero a los efectos del campeonato por lo que respecta a los puntos en litigio, hay que concederle más importancia a la segunda, pues en dicha regata se ventila para el bote ganador la posibilidad de obtener el triunfo en el campeonato, aunque no, como dicen algunos, el título de campeón, pues podría darse el caso de que el bote "Porteño" se igualase en puntos al bote ganador de hoy. Todo depende del fallo que dé la sociedad Ahemón a la protesta que tiene presentada este bote en dicha sociedad con relación a la regata que tenía que celebrar con el "Gran Canaria", en la que, como se recordará, sufrió el bote verde la rotura de la vela, en el Túnel.

Después de realizada la regata Morales-Catalina, el Catalina se queda campeón, en una regata en la que, este último, no le da opción y se proclama campeón de una manera clara. El diario La Provincia relataba así lo sucedido el 4 de agosto de ese año:

Mucha gente acudió el domingo al mirador del Túnel a presenciar este encuentro campeonil. Esta "pega" parecía muy interesante, pero resultó todo lo contrario. Desde el principio, Antonio Ortega y su embarcación pusieron de manifiesto su superioridad sobre su adversario; el uno con la caña y el otro en la mar. Del "Tomas Morales" solo se puede decir que cuando pegó no era el mismo al que vimos por la mañana en sus pruebas; su andar era muy distinto y hasta llegaron momentos en que el bote no podía con la vela. ¿A qué se debió?

El campeonato termina con la celebración de las regatas pendientes para ajustar la clasificación definitiva, pero esto no quiere decir que la actividad botera se detenga, porque se siguen celebrando regatas casadas y algún que otro concurso.

El 29 de agosto el periódico La Provincia publica, a dos columnas, un resumen de una reunión de la Sociedad de Regatas Ahemón, en la que, entre otros asuntos, trataron del relevo de la junta directiva, que estaba copada por militares, que, por la época de la que estamos hablando, no era de extrañar y que pretendía establecer un control más efectivo de la sociedad y de sus miembros.

Las regatas después del campeonato se siguen celebrando, muy ligadas al factor económico y más en la situación de posguerra que se vivía en Las Palmas de Gran Canaria. El periódico La Provincia publica la siguiente noticia el 5 de septiembre:

[...] Ni que decir tiene que el campeonato ha sido ganado por el "Santa Catalina". Y a propósito de este bote: el próximo domingo disputará al "Tamarán" la tercera regata de las tres "casadas" en disputa de 500 pesetas. OTRA NOTICIA INTERESANTE. Entre las embarcaciones "Santa Catalina" y "Minerva" se correrán tres regatas a mil pesetas cada una. [...]

Y este factor económico seguirá ligado a este deporte por mucho tiempo, como pilar fundamental para su sostenimiento y su desarrollo deportivo y determinará el devenir de la competición de los botes de vela latina.

El año 1943 comienza con las ganas de comenzar a ver la competición de botes en la bahía, como así lo refleja el diario La Provincia en su edición del día 17 de febrero de este año:

Pocas semanas faltan para el comienzo de la temporada de vela latina. Nuevamente volverán los aficionados a este típico deporte náutico canario a gozar de las emociones de las "pegas" y a discutir, en apasionadas tertulias, "las maniobras

*de la última regata y los pronósticos para la próxima."
Nuevamente volverán nuestras playas a verse abarrotadas de
espectadores, para seguir, desde sus puntos "estratégicos",
todas las incidencias de las "pegas", justificando con
acaloradas palabras el porqué de ciertas maniobras o
apuntando —como si sus palabras pudieran cambiar las ideas
de los patrones— cómo debió hacerse navegar al bote y cómo y
dónde debe hacerse la próxima virada.*

La Sociedad de Regatas Ahemón pone en marcha el primer
concurso de la temporada, el ya clásico San Pedro Mártir, del que
se hace eco La Provincia del día 26 de abril:

*Tomaron parte en la prueba cinco embarcaciones: "Santa
Catalina", "Porteño", "Tomás Morales", "Marino" y
"Minerva", lo que después, de muchas e interesantes
maniobras; llegaron a la meta con escasísimos minutos de
diferencia, lo que da idea de lo reñido de la competición. El
primer clasificado fue el "Santa Catalina", que invirtió en el
recorrido 1 h. 40 m. 19 s., ganando una Copa donada por el
Excmo.- Sr. Capitán General de Canarias y 300 pesetas regalo
de la Sociedad "Ahemón".*

Al tiempo que Ahemón programa el próximo campeonato, los
botes siguen celebrando las regatas casadas para poner a punto sus
embarcaciones para esa competición y, también, no perder los
ingresos que se derivan de esas regatas.

Calendario oficial 1943. Fuente: Agustín Valido.

Los botes que participan en el campeonato de 1943 son: Marino, Porteño, Minerva, Poeta Tomás Morales y Santa Catalina y se inicia el 13 de junio con la regata Marino-Porteño. Una regata que gana el Marino con una ventaja de dos minutos y cinco segundos.

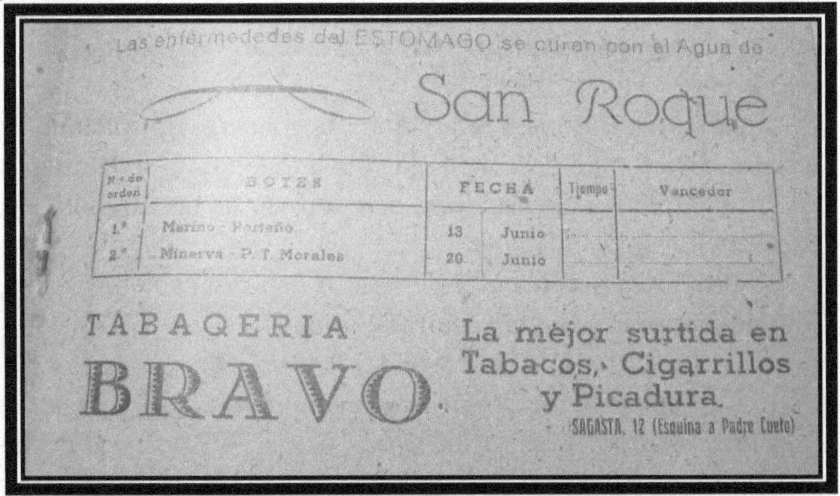

N.° de orden	BOTES	FECHA		Tiempo	Vencedor
1.ª	Marino - Porteño.	13	Junio		
2.ª	Minerva - P. T. Morales	20	Junio		

Calendario oficial 1943. Fuente: Agustín Valido

Como decimos, paralelamente a la celebración del campeonato de 1943, las regatas casadas se siguen concertando, como las tres que habían acordado entre el Minerva y el Catalina, como así lo publica La Provincia el 3 de julio de este año:

Como podemos observar, los propietarios de los botes siguen concertando las regatas al margen del campeonato, pero no de Ahemón, que lleva, con mano férrea, la organización de las regatas de sus socios. También observamos que el procedimiento de salida sigue siendo el mismo que se estableció a principios de los años treinta del siglo pasado, esto es, sorteando el barlovento, como se refleja en la noticia: el "Minerva" a barlovento y el "Santa Catalina" a sotavento.

Mientras, en Europa, los tambores de guerra están sonando y sus consecuencias en el deporte de la vela latina pronto se harán notar, de forma directa y devastadora, pero a pesar de las dificultades, la competición sigue adelante.

La Provincia publica el 2 de agosto una reseña sobre la regata Marino-Minerva y Santa Catalina-Porteño:

Las "pegas" de ayer, correspondientes al campeonato oficial, fueron las de las parejas "Marino"-"Minerva" y "Santa Catalina"- "Porteño". Ambas fueron muy interesantes. Mucha emoción comunicó a la afición la regata de los dos primeros, emoción que se rompió cuando al "Minerva" se le rompió la vela frente al Castillo y en el preciso momento en que iba delante de su contrario. El "Marino" ganó así la regata. Mucha desgracia está acompañando al bote blanco, que este año se presentaba como uno de los líderes más destacados. [...]

Pocos días después, pegan el Morales y el Marino, como así relata el periódico La Falange del 10 de agosto:

En la tarde del pasado domingo tuvo lugar la anunciada regata entre los botes a vela latina Marino y Tomás Morales, venciendo el primero por dos minutos de ventaja. El público que presenció esta competición náutica fue extraordinario, pues, debido al descanso futbolístico, los aficionados a este deporte se volcaron en nuestras playas, desde donde siguieron las incidencias de la regata. Sobre todo, en la playa de las Alcaravaneras se registró enorme cantidad de público para presenciar la llegada de las embarcaciones al pontón. Tenemos entendido que el próximo domingo volverán a "pegar" estos botes, pues parece que los del Tomás Morales no han quedado muy conformes con el resultado obtenido por su favorito.

Como puede leerse, a pesar de las dificultades que se presentan por la situación económica de la posguerra y de las noticias poco alentadoras que llegan desde Europa, la afición a los botes no cae ni en los peores momentos. Los aficionados siguen las regatas en masa, prueba de que la competición entre los botes de vela latina es, sin lugar a ninguna duda, uno de los deportes más importantes que se celebran en la ciudad.

En el mes de agosto se celebran el resto de las regatas que, después de resueltas algunas protestas, queda un empate en lo más alto de la clasificación, con el Marino y el Porteño empatados a puntos, teniéndose que celebrar una regata de desempate entre los dos botes, quedando la clasificación como sigue:

	R	*G*	*P*	*P*
Marino	*4*	*3*	*1*	*3*
Porteño	*4*	*3*	*0*	*3*
Catalina	*4*	*2*	*2*	*2*
Minerva	*4*	*2*	*2*	*2*
Morales	*4*	*0*	*0*	*0*
Fuente: periódico La Provincia. 27/05/1943 Elaboración propia				

Hay que apuntar que en este campeonato de 1943 la puntuación que se le daba al ganador era de un punto, a diferencia de los campeonatos anteriores, en los que se les otorgaba tres puntos.

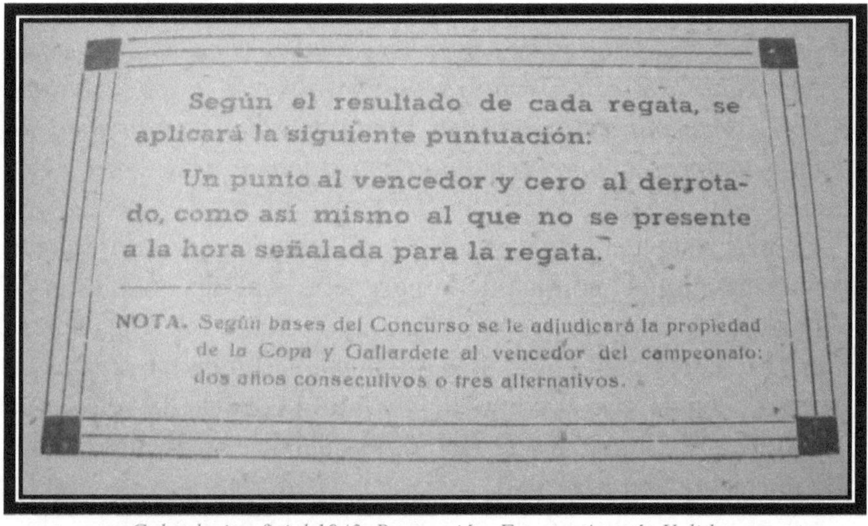

Calendario oficial 1943. Puntuación. Fuente: Agustín Valido.

Así daba la noticia La Provincia el 27 de agosto de ese año:

Por no esclarecer las partes interesadas la protesta presentada contra la regata "Minerva" y "Santa Catalina", por parte de éste último, el Comité de Regatas del Club Náutico, devolvió dicha protesta, sin ser fallada, a la Sociedad "Ahemón", por lo cual ésta se reunió el martes pasado, y después de un amplio debate, se acordó dar por válida la regata al "Minerva". En vista de este fallo, se pudo comprobar que quedaban empatados para disputarse el título de campeón y subcampeón los botes "Marino" y "Porteño"; por lo cual se acordó que fuera la "pega" de desempate el domingo, 29 de agosto, y el 5 de septiembre desempatar para el tercero y cuarto puestos, los botes "Santa Catalina" y "Minerva".

Al final el campeonato lo terminó ganando el Porteño, según nos cuenta Daniel Rodríguez Zaragoza en su blog, «con una ventaja de 1 minuto y 25 segundos, adjudicándose de este modo el campeonato de 1943», en la regata de desempate que se celebraría el día indicado. El Minerva quedó tercero en su pega con el Santa Catalina, al no querer este último soltar vela en el Túnel. Así lo contaba La Provincia el 7 de septiembre:

El domingo pasado estaban designados para desempatar el tercer puesto en el Campeonato, los botes "Santa Catalina" y "Minerva". Este último bote tuvo que hacer el recorrido sólo, por no querer acompañarle el bote azul.

Después de terminado el campeonato, se siguen celebrando regatas casadas entre los botes que participaron en la mencionada competición, que son los únicos que tienen los botes a punto para enfrentarse entre ellos, teniendo algunas opciones de victoria y optar a ganar las apuestas acordadas de antemano.

La temporada de 1944 comienza con la Segunda Guerra Mundial en plena efervescencia en Europa, y con la idea de la Sociedad de Regatas Ahemón de seguir con la organización de las regatas de botes de vela latina.

De esta forma inicia los preparativos para organizar el tradicional concurso de San Pedro Mártir, que venía en la programación para el domingo 30 de abril a las cuatro de la tarde, como publicaba La Provincia el 13 de abril de ese año, pero que no pudo celebrarse en la fecha mencionada como apuntaba este mismo periódico el día 6 de mayo:

Para mañana, domingo, tiene anunciada la Sociedad de Regatas Ahemón, la inauguración oficial de la temporada de botes a vela latina. Consistirá este esperado acontecimiento en la celebración del ya tradicional Concurso de San Pedro Mártir, que patrocinado por el Excelentísimo Ayuntamiento de esta capital [...]

[...] Este concurso tenía en principio señalada la fecha del pasado Domingo, pero dificultades para conseguir embarcaciones de convoy, obligaron a este pequeño aplazamiento [...]

[...] Como 'botes participantes se han inscrito el "Almirante Cervera", "Marino", "Minerva" y "Porteño". Es de lamentar la falta de los botes "T. Morales" y "Santa Catalina", ocurridas por dificultades del mando y dirección del primero y por persistir, al parecer, la actitud, abstencionista de los dueños del segundo. [...]

[...] El orden de salida, según sorteo verificado al efecto, es el siguiente: primero, "Minerva"; segundo, "A. Cervera"; tercero, "Porteño", y cuarto, "Marino". [...]

Este concurso lo terminaría ganando el Minerva como así publica el diario La Falange del día 9 de mayo de ese año:

El domingo se celebró la regata concurso patrocinada por el Excmo. Ayuntamiento de esta ciudad con motivo de las fiestas de San Pedro Mártir. [...] El «Porteño», lo mismo que otras embarcaciones, no pudieron actuar, por no encontrarse preparadas, debido a la larga inactividad a que han estado sometidas. Esto deslució algo la competición, pues de unos diez botes que existen, solamente pudieron tomar parte los tres ya mencionados. La regata resultó en extremo interesante, pues

Concurso San Pedro Mártir 1944 que ganaría el Minerva.

Después de este concurso no se celebraron más regatas por las
dificultades que había, como ya se indicó, por falta de falúas para
los árbitros y de apoyo por si ocurriera cualquier percance durante
la competición.

No hay que olvidar que la situación económica de las islas era
más que precaria, como ya hemos dicho, con una economía de
posguerra, agravada, para más inri, por una guerra devastadora que
afectaba a la mayor parte de los continentes. Por tanto, también
afectaba de forma directa a España que, aunque sobre el papel era
neutral, de todos era conocido que apoyaba de forma implícita a
Hitler y a Mussolini y esto tuvo como consecuencia un bloqueo
económico y político por parte de los aliados.

De esta forma entramos en el año 1945, un año en el que se intenta revitalizar las regatas de botes, con la programación para el 6 de mayo de un concurso en las fiestas de San Pedro Mártir.

El periódico La Falange publica en su edición del día 6 de mayo lo siguiente:

Hoy, a las 16,30 horas, será la salida de los botes de vela latina para la disputa de los premios donados por el Excmo. Ayuntamiento de esta ciudad, en colaboración con nuestro Real Club Náutico y la sociedad Ahemón. Los botes saldrán por el siguiente orden: 1, Minerva. 2, Cervera. 3. S. Catalina. 4, Porteño.

[...] Alborean en el mundo aires de paz y ellos traerán consigo velas y medios para que nuestros entusiastas marineros puedan reponer sus averiados pertrechos y dar a este deporte su antiguo esplendor, del cual esta regata será el primer jalón en ese camino. [...]

En esta noticia podemos comprobar las dificultades que había para conseguir velas y demás materiales para poder tener los botes en condiciones para navegar, sin olvidar que en Europa la Segunda Guerra Mundial estaba llegando a su fin, después de seis años de guerra que paralizó por completo la economía mundial.

Se reconocía que la competición no estaba pasando por su mejor momento, con un año, el 1944, que pasó casi sin competiciones y este que comenzaba, 1945, que tampoco se iba a destacar por el impulso a la competición de los botes de vela latina.

El concurso de San Pedro Mártir no se pudo celebrar el día indicado en la programación y se aplazó, por falta de viento hasta el día 10 de mayo de ese año, como publicaba el diario La Provincia el 12 de mayo:

EL "MINERVA" GANÓ EL DE VELA LATINA.
La regata-concurso de botes a vela latina tuvo asimismo mucho interés y, como siempre, fue seguida a lo largo de su

recorrido por una caravana de automóviles que transportaba varios centenares de aficionados. En primer lugar, llegó el "Minerva", en segundo el "Santa Catalina", en tercero el "Porteño" y en cuarto el "Cervera". Para los cuatro hubo premios.

Sin embargo, la apatía se había adueñado de la competición y los propietarios no querían sacar sus botes a competir por las razones que ya hemos apuntado, falta de materiales y de economía. Esto se reflejó en la prensa, como lo que publicaba La Provincia el día 16 de abril:

¿NO HABRÁ REGATAS ESTE VERANO?

No hace mucho y con motivo del Concurso de vela latina celebrado en el último mes de mayo, como uno de los numerosos de las fiestas, conmemorativas del aniversario de la Conquista, nos ocupamos de la gran apatía que observábamos entonces en los propietarios de las diversas embarcaciones del tipo que nos ocupa. En aquel entonces tratamos de inyectar un poco de optimismo a los citados propietarios, haciéndoles ver que la cosa no tenía tanta importancia como ellos creían y que, con un poco de voluntad, podría, todo resolverse definitivamente, máxime contándose, como se cuenta, con la ayuda de la Obra Sindical "Educación y Descanso". El único bote que ha' dado señales de vida ha sido el "Minerva". Sus propietarios se han acercado a nosotros para comunicarnos que su embarcación está dispuesta a "pegar " con cualquiera de las otras, con todo desinterés o en las condiciones que quieran las demás. ¿Se aceptará este reto? El "Catalina", "Marino", "Tomás Morales", "Porteño", tienen la palabra. ¿Lograremos al fin que este verano, haya regatas de botes a vela latina?

Este era el panorama que se presenta en el verano de 1945 con un solo bote dispuesto a competir.

En agosto se programan dos concursos denominados «Copa del Excelentísimo Señor Gobernador Civil» y así lo publicita el diario La Provincia el 11 de agosto:

Como ya hemos anunciado, el próximo domingo día 19 del corriente se celebrará la anunciada regata de botes a vela latina del concurso "Copa del Excelentísimo Señor Gobernador Civil", la cual obtendrá el navío que gane dos regatas. [...]

[...] Hasta el momento se encuentran inscritos los populares botes "Santa Catalina", "Porteño" y "Minerva" tan cargados de éxitos. [...]

El 18 de agosto el periódico La Provincia hace un avance de las características de los dos concursos, cuya celebración será los domingos 19 y 26 de agosto, dando un punto al primero, dos al segundo y tres al tercero y será campeón el bote que menos puntuación tenga al finalizar los dos concursos, teniendo que recorrer, los botes participantes, el campo de regatas tradicional, del Túnel de La Laja hasta la playa de las Alcaravaneras y, como novedad, no habrá que tomar balizas intermedias.

El diario La Falange, del día 26 de agosto, nos informa del resultado del primer concurso y del orden de salida del segundo:

Como saben los aficionados, el pasado domingo se celebró la primera vuelta, participando los botes Catalina, Minerva y Porteño, que quedaron clasificados por este mismo orden a la llegada. Hoy se celebrará la segunda vuelta y según el resultado que arroje se hará la clasificación definitiva y caso que haya empate a puntos, se celebrará otra regata el próximo domingo, regata que señalará el ganador definitivo. Hay gran expectación para esta regata de hoy, visto el resultado inesperado que tuvo la del pasado domingo. Los botes tomarán la salida por el orden siguiente: primero. Porteño; segundo. Minerva y tercero. Catalina. La hora de salida será la de las 4 y media de la tarde.

La Provincia en su edición del día 28 de agosto hace una pequeña crónica sobre la importancia de este deporte para la isla de Gran Canaria:

Lo hemos dicho en más de una ocasión y lo repetiremos siempre la vela latina es uno de los deportes que aquí cuentan con más arraigo y pena es que se le resucite tan de tarde en tarde. Las dos últimas regatas lo han puesto así de manifiesto. En una y otra participaron tan solo tres embarcaciones y ellas solas bastaron para que los aficionados a este deporte se volcaran sobre nuestras playas para presenciar el paso de las embarcaciones y otros, los que pueden hacerlo, ocupando vehículos siguieran las incidencias de las pruebas desde el punto de partida en la Mar Fea.

Este segundo concurso lo termina ganando el Minerva, como publica La Provincia el 27 de agosto:

En una emocionante regata, se produce un empate, al ganar ayer el "Minerva"

[...] Al llegar a la meta, nos enteramos que el "Porteño" había sufrido las roturas de un cuadernal y la escota. La cinta cronométrica arroja el siguiente resultado: 1º: "Minerva", 1 h. 41 m. 04 s, 2º. "Catalina", 1 h. 41 m. 1s., y 3º "Porteño" 1 h. 44 m.12 s. Con este resultado se produce un empate para el primer puesto, entre los botes "Minerva" y "Catalina", pues ambos tienen tres puntos. El próximo domingo se correrá el desempate, que promete ser sensacional por la gran rivalidad que existe entre estos dos botes y sobre cuya regata ya hablaremos en los próximos días.

Al quedar los dos botes empatados a puntos, se tiene que celebrar una regata de desempate, que se celebró el domingo 2 de septiembre, como bien relataba el periódico La Provincia en su edición del lunes 3 de septiembre que termina ganando el Santa Catalina, adjudicándose la copa.

Después de esta regata no se tiene constancia de que se realizaran regatas de botes de vela latina y entramos, de lleno, en una etapa muy parecida a la que se vivió después de la Primera Guerra Mundial, unos años de incertidumbre que afectaron a este deporte y que pasó a una vida de letargo a la espera de nuevos vientos del norte.

De esta forma termina una etapa determinante para la historia de la Vela Latina Canaria, que se distinguió por el liderazgo de la Sociedad de Regatas Ahemón. De esta etapa destacamos los siguientes aspectos:

1.   Liderazgo de la Sociedad de Regatas Ahemón, que supo aglutinar los intereses de los propietarios de los botes y de los aficionados y le dio la estructura deportiva necesaria, a este deporte, para que se desarrollase de forma definitiva.

2.   Consolidación estructural del deporte en todos sus aspectos, que permitió dar un carácter particular y distintivo a la competición de los botes de vela latina.

3.   Consolidación de sus principales competiciones, esto es, campeonatos y concursos, estableciéndose sus bases y procedimientos, poniendo en marcha el primer campeonato de botes de vela latina en el año 1934.

4.   Consolidación, definitiva, del campo de regatas que hasta esta etapa no se había fijado de una manera clara, y se establece desde la Mar Fea hasta las inmediaciones de la playa de las Alcaravaneras y siempre navegando contra el viento.

5.   Establecimiento de balizas en el campo de regatas de los concursos, que se solían utilizar de cuatro a cinco, y entre ellas, están las tres balizas que se mantuvieron posteriormente a esta etapa, las de Cardoso, San Cristóbal, y Muelle de Las Palmas.

6.   Establecimiento del procedimiento de salida para concursos, campeonatos y regatas casadas.

a.   Para los concursos se estableció la modalidad del sorteo para establecer el orden de salida.

b.	Para los campeonatos y regatas casadas se instituye la salida a la aleta, con el sorteo del bote que sale a barlovento.

7.	Establecimiento de un contrato para las regatas casadas, en el que se estipulan una serie de condiciones que tienen que cumplir los participantes.

8.	Se construyen, en esta etapa, los botes históricos que volvieron a navegar en los años sesenta del siglo pasado: Morales, Porteño, Minerva, Catalina y Gran Canaria.

9.	Consolidación de la competición de los botes de vela latina como uno de los deportes más seguidos y con más arraigo de la ciudad de Las Palmas de Gran Canaria.

La cuarta y última etapa: 1946-1962. Del desconcierto al resurgimiento de los botes de vela latina

Los siguientes años, 1946, 1947 y 1948 y como ocurriera después de la Primera Guerra Mundial, no hemos encontrado referencias de celebración de regatas de botes de vela latina, quizás, como ya hemos indicado, porque no había materiales suficientes debido a la crisis económica que estaba afectando a todo el mundo y, por ende, la presión y el bloqueo que seguían ejerciendo los Aliados sobre España por su apoyo a Hitler y Mussolini.

Así lo apunta Ignacio Martel, quien fuera presidente de la Sociedad de Regatas Ahemón en los años cuarenta, en el periódico La Falange en su edición del 19 de agosto de 1957:

[...] Pero empezaron las dificultades consecuencia de la II Guerra Mundial que al principio no se habían hecho sentir porque se vivía de lo que había guardado; las velas, sobre todo —lo fundamental— no había forma de reemplazarlas y aquello fue muriendo. Se vendieron botes y lo que es peor el viento del entusiasmo que había soplado hasta entonces, con más fuerza todavía que el que empujaba a los botes, aflojó de tal manera que el incomparable deporte no pudo sobrevivir. [...]

También porque no había ninguna organización del tipo de Ahemón que se hiciera cargo de la organización de las regatas, aunque, hay que decirlo, la no existencia de una organización nunca fue obstáculo para que los propietarios de los botes se organizaran para celebrar sus regatas.

Sin embargo, en el año 1949 el Club Náutico organiza unas regatas para inaugurar la temporada de vela y, al tiempo, como celebración de las fiestas de San Pedro Mártir, en la que se programa una regata entre el Minerva y el Porteño como así publica el diario La Falange el 26 de abril de ese año.

En otro anuncio del Club Náutico, publicado en La Provincia el día 7 de mayo, se vuelve a hablar de la regata programada entre el Minerva y el Porteño, especificando el campo de regatas, que será el clásico, entre el Túnel hasta la playa de las Alcaravaneras.

Días después, el trece de mayo, el diario La Falange publica los resultados de las regatas organizadas por el Club y de la que extraemos los siguientes párrafos:

Otra novedad de las regatas celebradas fue la participación de dos botes de vela latina, que hace años duermen sobre pasadas glorias, lo que es una verdadera lástima, ya que, por ser auténticamente canario, debían buscarse soluciones para que vuelvan a surcar los mares estas bravas embarcaciones de vela latina. Los dos participantes fueron "Porteño " y "Minerva", según noticias que se nos han facilitado, el "Porteño" vino delante hasta el muelle de Las Palmas, donde el "Minerva" consiguió pasarlo para llegar primero a la meta. Para estos botes había un premio de 1.500 pesetas para el vencedor y 1.000 para el vencido. ¿Volverá a quedar dormido este típico deporte? ¿Los porteñistas no intentarán sacarse la espina que les clavó la Diosa? ¡Anímense, muchachos! ¡Al Túnel a pegar de nuevo!

La Provincia también se hace eco de la regata entre el Minerva y el Porteño en su edición del día 13 de mayo:

A las cinco y media, desde el Túnel de Telde, los botes de vela latina "Minerva" y "Porteño" comenzaron su pega en disputa del trofeo donado por el Excmo. Ayuntamiento de la Ciudad, regata que resultó muy interesante y bastante bella. La lucha fue siempre reñida, logrando el "Minerva" la ventaja una vez pasado el muelle Las Palmas, donde el "Porteño", una vez tomada la baliza situada en aquel lugar, se fue mar a fuera, y la "escoba" prefirió tumbar a tierra. De la vuelta a tierra, el

"Minerva" se cruzó con el "Porteño" por la proa de este, logrando alcanzar la meta un minuto y veinte segundos antes.

Cabe destacar que esta regata casada se celebró tomando balizas intermedias, aunque no hemos encontrado dónde estaban ubicadas, salvo la que se menciona en la noticia. Suponemos que la colocación de esas balizas o baliza se hizo para acercar la competición a la costa, y más en esta zona que está en el mismo centro de la ciudad y donde más aficionados se acomodaban a disfrutar de las regatas.

Esta fue la única regata que se celebró en este año y la situación no tenía muchos visos de mejorar.

La siguiente década de los cincuenta, no parece haber interés por retomar las regatas de los botes de vela latina, aunque había alusiones en la prensa a su resurgimiento.

Así el Diario de Las Palmas publica, en su edición del 5 de mayo de 1953, un sainete donde se plantea, en una de sus partes, la resurrección de los botes:

[...] —Bueno, "pué" tómese el "pisquito" café y dígame que le parece a usted lo que dicen "porai" de la "resurrección" de los botes.

—Creo que todo son proyectos.

—Habladurías, quiere usté decir.

—Sí. No será posible que se lleve a la realidad ninguna de esas ideas que notan en la calle.

—Mire todo eso, me "parese" a mí son más que alegatos de barberías.

—¿Usted cree?

—Así es y es una lástima.

—¿Le gustaría que volvieran aquellos domingos de botes?

—¡Hummm . . ,bre! Eso sería "manifico". Aunque, "pa " mí...

—Usted es de los principales, ¿no?

—Verá: "pa " mí los botes tienen un lado alegre y otro triste.

—¿Y eso?

—La última vez que "pegó" el "Tomás Morales" fue el mismo día que enterraron a mi primera mujer, que en gloria esté. [...]

La referencia a la situación de esa época también se refiere el semanario Deportes. El semanario de los martes, que en su edición del día 29 de diciembre de 1953, comenta en su sección náutica:

[...] Un recuerdo aquí para aquellas desaparecidas regatas de botes. Más de una vez se ha pensado en hacerlas revivir. Pero es empresa de mucho dinero.

Lo cierto es que el runrún del resurgimiento de los botes de vela latina está en la prensa y no es de extrañar porque en los años anteriores su popularidad fue inmensa, una tradición deportiva que estaba metida en los genes de los ciudadanos de Las Palmas de Gran Canaria, una semilla enterrada que solo necesitaba las condiciones idóneas para germinar nuevamente.

En 1954, el 25 de marzo, en el periódico La Falange aparece una noticia sobre lucha canaria y se hace una alusión a los botes de vela latina:

[...] Pena grande es que no se pueda contar también con las vistosas y emocionantes regatas de botes, aquellos botes originalísimos, únicos en la historia de la vela, ya que su velamen doblaba el tamaño de la embarcación. Lástima, decimos, porque también las regatas de botes es deporte netamente canario. Distinto a las demás especialidades de la vela. Pero, el deporte de las regatas de botes ya no existe o no se practica —ignoramos las causas— y de momento hemos de conformarnos con el de la lucha canaria. [...]

Después, el 26 de mayo de 1954, en el periódico La Falange, Eduardo Cargue Gil, entre otras cosas, habla de los botes de vela latina y dice:

[...] Por el puerto deben de estar, probablemente, algunos de los botes que en la época a que me refiero intervinieron muy activamente en las célebres regatas. Y algunos aficionados agradecieron que la organización de alguna prueba que reviviese aquel espectacular y bonito deporte de botes de vela latina, y de igual forma que han resucitado las carreras de caballos puede traerse sobre el tapete otro deporte de imborrable sabor isleño. Así me lo dicen varios y yo lo traslado a quién se considere con fuerza para la puesta en marcha de tan típico y saludable deporte. [...]

El año 1957 fue un año en el que los artículos en prensa, pidiendo el resurgir de los botes de vela latina, se prodigaron. Vamos a reseñar algunas partes de esos artículos para hacernos una idea de la situación en aquellos momentos.

Así el 29 de agosto, el periódico La Falange publica una pequeña reseña, que habla directamente del resurgir de este deporte, con el título: El resurgir de la vela latina.

Según nos comunican personas perfectamente bien enteradas, el resurgir de la vela latina es un hecho en nuestra isla. Por un grupo de entusiastas de este isleñísimo deporte se trata de revivirlo, disponiéndose a dotar de todo lo necesario a embarcaciones que fueron tan famosas por su buen navegar como el "Porteño", "Minerva", "Tomás Morales", etc., que, en su día, patroneadas por Luís el de la Copita, Domingo Oramas, Gabriel Bruno y otros alcanzaron renombre y ocuparon un primer plano en la vida deportiva insular.

Claro está de por qué se nombra a estos tres botes; estos fueron los que estuvieron compitiendo en la posguerra, sobre todo el Porteño y Minerva que lo habían hecho en el año 1949 como apuntamos anteriormente.

Posteriormente, el 30 de agosto de ese año, este mismo periódico le realiza una entrevista a Don Ignacio Martel, expresidente de la Sociedad de Regatas Ahemón que contesta al entrevistador en una parte de la entrevista:

[...] —¿Podría darnos un dato concreto sobre la situación actual de sus gestiones?

—Puedo adelantarle —nos dice— que en fecha próxima va a celebrarse una reunión con un grupo de aficionados para estudiar el camino a seguir, a la vista de las embarcaciones disponibles, de las que tengo entendido, hay tres, "Minerva" "Porteño" y "Tomás Morales", que podrían volver a pegar, aunque he de aclarar que pegar con el "Minerva" (el gran campeón) es cosa que hará pensar a más de uno, incluso a los "azules".

—¿Desea decir alguna cosa más, don Ignacio?

—Nada más que desear de corazón que podamos ver pronto el espectáculo imborrable de la vela latina.

—Y que nosotros lo veamos.

Otro fragmento de un artículo de Eduardo Cargue Gil, que publicaba en el diario La Falange el 31 de agosto de 1957:

[...] Surge ante nosotros el prurito de pergeñar este modestísimo artículo, al leer en letras de molde que se pretenda recuperar para la buena afición al deporte náutico de la vela latina. Regatas de botes, clásicamente llamadas en tiempos del tranvía y de los plátanos a tres perras kilo. Cuando podía adquirirse un kilo de carne por dos pesetas. Pero carne, carne. No carne y huesos o huesos y carne, que es lo más corriente y moliente. Veinticinco, treinta años. Cuando varios aficionados comprometían una tartana, por cinco o seis pesetas, desde el túnel de Telde hasta la playa de las Alcaravaneras, pasando por todo el recorrido terrestre del litoral, desde cuyos puntos estratégicos podía apreciarse y seguirse con la consiguiente emoción las peripecias de la regata entre el «Fyffes», el «Porteño», el «Las Palmas», el «Marino» y otros muchos

nombres que estaban en el ambiente dominical todos los domingos. [...]

Y las apuestas menudeaban cuando la regata se nivelaba.

—Treinta duros al «Porteño», gritaban desde un corro.

—Doblo la apuesta, sesenta al «Fyffes».

Y se cruzaban miles de pesetas que ponían los nervios en tensión. Eran los tiempos en que cuando la regata pasaba por el Campo de España y en su recinto se celebraba un clásico y típico y emocionante Marino-Victoria la gente salía a ver pegar los botes. No importaba que Timimi u Ortiz metiesen un gol. Eso ya se discutiría después. Ahora lo principal, el minuto pletórico de emoción lo constituía la regata «Fyffes»-«Porteño», que iban emparejados y trataban de sorprenderse uno a otro.

El 3 de septiembre en el mismo periódico se publica otro artículo sobre este mismo tema:

[...] Aparte que desde que ha comenzado a hablar la Prensa de su resurgir se ha levantado una verdadera ola de entusiasmo y no se oye sino hablar de él, hay ya algunos hechos concretos: El pasado sábado se reunieron unos cuantos amantes de la vela latina, nombres de vieja tradición en el deporte, Antonio Sosa, Mario Pons, Domingo Oramas, Erik Adeler y otros cuya enumeración sería muy larga, y después de un cambio de impresiones se trasladaron a ver uno de los botes que ¡Oh sorpresa!, estaba en perfecto estado de conservación, como para echarlo al agua cuando se quisiera.

¡Qué gran amor han demostrado a su bote y al deporte de la vela latina, sus propietarios al «guardarlo» con tanto mimo y cuidado que, como digo, en cuanto tenga los aparejos podrá volver a rasgar las aguas de esta travesía marítima que bien pudiera llamarse de los valientes: ¡Mar Pea, Puerto de la Luz!

El Diario de Las Palmas también se apunta a darle cancha al resurgir de los botes y publica el día 7 de septiembre un artículo del que sacamos un párrafo:

Veo que el "Minerva" está en perfectas condiciones (yo mismo lo he podido comprobar) y que el "Porteño" y el "Tomás Morales" también están en condiciones para "bregar", después de unas ligerísimas reformas. Así mismo tengo entendido que en Lanzarote guardan en perfectas condiciones, al "Santa Catalina" (azules) y me han dicho que por mediación de don Vicente López Socas se están haciendo gestiones para su traslado a Las Palmas.

El bote Minerva en los Depósitos de Carbones de Tenerife. 1961. Fuente: Agustín Valido

Lo cierto es que la prensa estaba llena de buenas intenciones en relación con el resurgimiento, pero eran solo eso, buenas ideas que no llegaron a materializarse. Aunque, como decimos, la semilla ya estaba plantada y que se hablara del resurgir de los botes eran las primeras gotas de agua para ese resurgimiento.

Los años siguientes, 1958 y 1959, ese ímpetu en prensa cayó en el olvido y no se volvió a hablar del resurgimiento de los botes de vela latina, solo se nombraba, de pasada, en los artículos que hacían referencia a las regatas de barcos de la clase Tumlaren, que utilizaban el mismo campo de regatas que usaban los botes, esto es; del Túnel hasta las inmediaciones de la playa de las Alcaravaneras. Aquí un ejemplo de lo que decimos que publicaba el Diario de Las Palmas el 27 de noviembre:

Para el próximo domingo está anunciada la segunda gran regata por parejas con los balandros de la serie Tumlaren con salida desde el Túnel de Telde y meta frente a la playa de las Alcaravaneras; como tiempo ha lo hicieran los Botes de vela latina.

1960 es un año de inflexión, porque aparte de volver a aparecer en prensa los anuncios preguntándose si iban a resurgir los botes de vela latina, comenzaron a realizarse regatas entre los botes pequeños, el Perico, el Paca y el Alcorde que realizaban regatas en Las Canteras, como publicaba el Diario de Las Palmas el 14 de julio:

En los últimos tiempos, hemos tenido el placer de presenciar, en aguas de la playa de Las Canteras, las evoluciones de bellos y rápidos botes de vela latina, que han realizado una serie de regatas muy del agrado de los aficionados, que ansían el resurgimiento de las viejas y siempre nuevas "pegas", que tanto entusiasmaban a todos. Pues bien, parece ser que pronto se van a organizar regatas de botes de vela latina, gracias a una peña magnífica de amigos náuticos que están celebrando reuniones, con el único fin de despertar nuevamente la fiebre por las emocionantes regatas.

Este mismo diario, publica el 16 de julio, la celebración de una regata con motivo de las Fiestas del Carmen en la que participarán los botes chicos, el Perico, el Alcorde y el Paca:

A las cuatro de la tarde, tomarán la salida, desde el castillo de San Cristóbal, con meta final en la bahía de nuestro puerto, tres botes, el "Perico", patroneado por Chano, el "Paca", por Ceballos y el "Alcorde", por Medina. El jurado de esta regata estará Integrado por los conocidos "lobos de mar", Oramas, Pitera y Bruno.

Los botes chicos vuelven a salir a regatear, como así publica el periódico La Falange el 31 de julio:

A las cuatro de la tarde de hoy, como ya anunciamos ayer, dará comienzo una regata de botes a vela latina, teniendo como punto de partida el castillo de San Cristóbal y como meta el boyón de las Alcaravaneras. Participan en la pugna cuatro botes: "Perico", "Alcorde", "Hespérides" y "Paca " y para la regata hay donados varios trofeos, pues ya existe ambiente y ya tuvo lugar otra con anterioridad en Las Canteras, el lunes, día 25. [...]

Como podemos ver, son los botes pequeños los que toman la iniciativa de volver a realizar regatas de botes, ya no solo en Las Canteras, sino que también en el campo de regatas tradicional de los botes de vela latina.

Estos botes, también realizan regatas casadas, como la anunciada en el Diario de Las Palmas el 24 de septiembre de 1960:

Continúan prodigándose las regatas de botes a vela latina, que está de nuevo tomando incremento y ha despertado un enorme interés entre los aficionados a este bello y típico deporte. Esta vez contenderán el "AIcorde" y el "Paca", efectuando la salida, desde el túnel de Telde, a las once de la mañana, para seguir su recorrido hasta la meta, situada en la playa de Alcaravaneras, donde seguramente se congregará numeroso público para ver la llegada.

Esta regata casada la ganaría el Alcorde, aunque con muchas dificultades, por algún role de viento del sur, lo que la deslució del todo, pero con estas regatas ya se había levantado el gusanillo para que se volvieran a celebrar, de manera oficial, las regatas de botes de vela latina.

Las regatas de los botes pequeños se siguen sucediendo, semana tras semana, y van animando el panorama deportivo y velístico. Los responsables de los botes grandes, Porteño, Minerva y Morales, van tomando nota y organizándose para poner en el agua a sus embarcaciones.

De esta forma se anuncia en el diario La Falange del 18 de noviembre una futura organización que se encargará de organizar las regatas de botes:

[...] Al parecer, se ha esbozado ya una especie de "Reglamento Orgánico" y tratan ahora de concretar un "Reglamento de Regatas", para someterlos a la aprobación de las autoridades correspondientes. Se ha puesto mucha ilusión en ello y se confía alcanzar el fin propuesto. [...]

Y termina el año con esta noticia publicada por el diario La Falange el 10 de diciembre:

Según hemos podido saber, en la tarde de hoy será trasladado el esqueleto del antiguo y popular bote, de vela latina, "Poeta Tomás Morales", a los astilleros de don Juan Suárez Quesada, en el Puerto de La Luz, con el fin de reconstruirlo, sin que pierda por ello sus líneas y dotes de navegación que tantos triunfos le dieron en el pasado. Con la vuelta del "Tomás Morales" al litoral de la Isla, escenario de tantas y apasionantes jornadas de vela latina, esta modalidad deportiva volverá a alcanzar en nuestra Gran Canaria la popularidad que ya tuvo en la época algo lejana del "Minerva", "Porteño", etc. No dudamos que, con la colaboración de todos los buenos aficionados a este deporte del mar, la vela latina alcanzará el plano primerísimo que le corresponde en la actualidad deportiva local.

El año 1961 comienza con una entrevista a Agustín Valido Quintana, en el periódico La Falange el 3 de febrero, en que dice que ya están preparando al Minerva para salir a navegar muy pronto. Extractamos algunas partes de esta:

[...] —¿Dónde está el bote "Minerva", ¿ya que usted debe saberlo al pertenecer a la asociación del mismo nombre?
—Actualmente el "Minerva" se encuentra en reparación en el varadero de los Depósitos de Carbones de Tenerife, en el Puerto de La Luz. Trabajan en él los maestros don Manuel Cabrera y don Rosendo Pérez. La embarcación está en inmejorables condiciones, pero exige determinados trabajos. Es un magnífico bote que construyó un auténtico aficionado a la vela latina, el malogrado don Juan Marrero. [...]

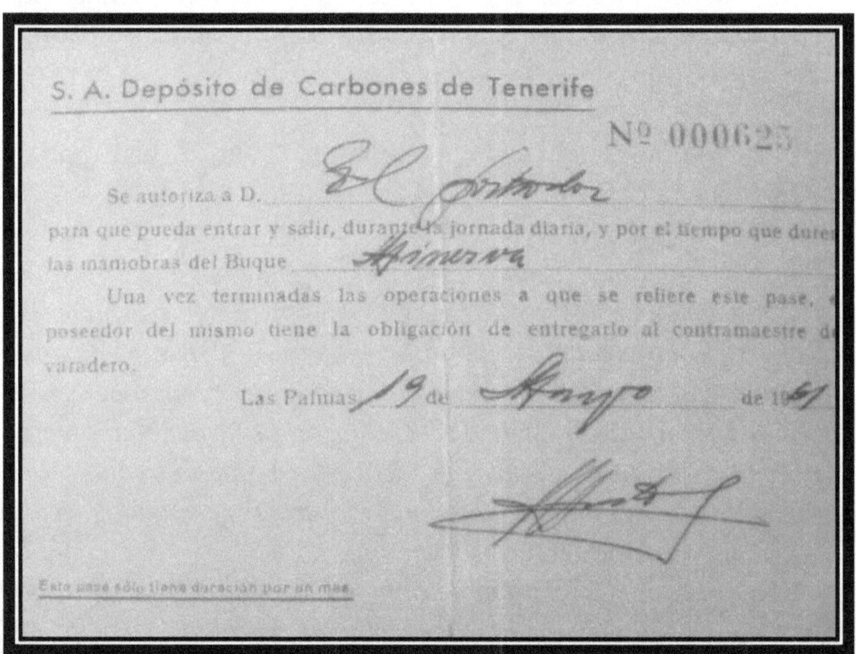

Autorización Depósitos de Carbones de Tenerife. Fuente: Agustín Valido

[...]—Tenemos en proyecto "calzar", de momento, cinco regatas con otro magnifico bote, el Tomás Morales, de feliz recuerdo de los aficionados. Aparte de las participaciones oficiales que designe nuestro organismo rector, que por cierto está en estos momentos en las últimas fases para su creación y el que evitará, entre otras cosas, la arbitrariedad demostrada en estos últimos meses en lo que a las dimensiones de las embarcaciones se refiere. [...]

El 7 de abril de este año publicaba el periódico La Falange, unas reseñas sobre el bote Porteño, Morales y Minerva.

El tema de actualidad es la reaparición del "Porteño". En el barrio del "Refugio" no se habla de otra cosa, y hasta han hecho una suscripción popular pro-restauración del bote.

Un aficionado comentaba: "El Porteño" está siendo más visitado en el varadero que el Sputnik ruso en la exposición de Bruselas". Exageradillo que es el muchacho... [...]

El 15 de abril el mismo periódico publica una noticia relacionada con el Poeta Tomás Morales:

—Ya habíamos dicho que nuestro bote se encuentra en reparaciones en los varaderos de "Depósitos de Carbones de Tenerife". Los trabajos que en el mismo se vienen realizando están tocando a su fin; en estos días se ha terminado de cerrar con algodón las junturas de la tablazón para inmediatamente proceder a pintar. Todas las tardes está siendo visitado por numerosos aficionados, quedando todos sorprendidos de su maravilloso estado de conservación.

Ya que con el sacrificio de unos pocos —muy contados, por cierto— se ha conseguido convertir en realidad la vuelta del "Minerva" a la mar —y tras él la aparición del "Porteño" y el "Poeta Tomás Morales"— deseamos hacer un llamamiento a los partidarios de nuestro bote para que se inscriban como socios a fin de mantener ya para siempre esta realidad que palpamos en estos momentos.

Cuestación para reconstruir el bote Poeta Tomás Morales. Fuente: Agustín Valido

Al mismo tiempo que los botes grandes se siguen preparando para una inminente salida y los botes chicos siguen realizando pegas entre ellos, como si dijeran: si nosotros podemos, ¿Por qué no ustedes?

A nadie se le esconde, que las regatas de los botes pequeños, Breca, Paca, Perico y Alcorde dieron el pistoletazo de salida para el resurgimiento de las regatas de botes de vela latina, y ellos son una de las piezas clave de este acontecimiento tan crucial para la Vela Latina Canaria.

El 18 de agosto de 1961 en el Diario de Las Palmas nos encontramos con la noticia de que el nuevo bote Poeta Tomás Morales «será bendecido». Extractamos algunos párrafos de la noticia:

[...] Los indicios actuales dan muestras de señales inequívocas del renacimiento de la vela latina con una pujanza

149

insospechada. Se palpa en el ambiente que ya dejó de ser ilusión para convertirse en la más bella de las realidades. Advertido de la necesidad imperiosa de su manifestación, sea su consideración deportiva, social o turística, no podemos más que recibirla con regocijo. ¡Bien venida, pues, la vela latina. [...]

El periódico La Falange amplía esta noticia el día 20 de agosto y nos relata:

[...] Se comenzó con los pequeños botes el "El Paca", "Alcorde", etc. y la puesta en escena de las pequeñas embarcaciones fue como gasolina sobre fuego para la afición. Y ahí está. Hoy será bendecido en San José el famoso bote "Poeta Tomás Morales" que don Juan Suárez Quesada, con las plantillas de la vieja embarcación, ha reconstruido y dejado en condiciones de volver por sus fueros. El acto de la bendición tendrá lugar en la plaza de San José, hoy a las 11,30 de la mañana y estará a cargo del ex-párroco de dicha Iglesia don Juan Brito.

Cuestación para reconstruir el bote Poeta Tomás Morales. Fuente: Agustín Valido.

Lo cierto es que el año anterior, 1960, se intentó reconstruir el viejo Tomás Morales, pero estaba en tales malas condiciones que sus aficionados decidieron construir uno nuevo que fue bautizado en la fecha que se menciona en la noticia.

Baluma, seudónimo del estudioso de la vela latina, Juan Cabrera Santana, en una reseña de una regata sobre los botes chicos, publicada el 4 de septiembre en el Diario de Las Palmas decía:

Se aproximan momentos agradables para los amantes de la vela latina. Por toda esta semana iniciarán sus pruebas los botes "Porteño"," "Minerva" y "Poeta Tomás Morales", éste de reciente construcción. Ya se palpa en la afición el caldeado ambiente originado por la salida de estos botes y se espera con impaciencia el momento en que cada uno de ellos demuestre su competencia.

El 7 de septiembre el Diario de Las Palmas publica la siguiente noticia, que demuestra que el regreso de los botes es inminente:

A las seis de ayer tarde fue botado al agua desde el varadero de San Rafael el bote de vela latina "Porteño", con asistencia de numerosos aficionados a este popular deporte náutico. Tenemos noticias de que esta embarcación iniciará el próximo domingo regatas de entrenamiento. [...]

El 16 de septiembre el Diario de Las Palmas publicaba esta nota:

Con ritmo creciente sigue la preparación de los botes. Ayer tarde a las seis, mientras el "Porteño" realizaba pruebas dentro de la bahía, se efectuó la botadura del histórico "Minerva" presenciada por gran número de personas. Esta tarde, sobre las cuatro, se llevará a cabo la del nuevo bote "Poeta Tomás Morales". Dada la expectación que esta embarcación ha despertado en los medios náuticos, se espera que su entrada en el agua sea presenciada por numerosa concurrencia. [...]

Los días siguientes siguieron los botes Minerva, Porteño y Poeta Tomás Morales realizando las pruebas, las correspondientes a la puesta a punto, para alguna próxima regata oficial en la que poder participar. Solo faltaba esa regata para dar cumplida cuenta con el resurgimiento de los botes de vela latina.

Así el diario La Falange publica el día 12 octubre un concurso en el que participarán el Poeta Tomás Morales, Porteño y Minerva por las fiestas de Nuestra Señora de La Luz:

El domingo habrá nueva competición, pero con botes de la serie A, en modalidad de concurso, contándose con la participación de "Minerva", "Porteño" y "Tomás Morales".

Ese mismo periódico, el día a 14 del mismo mes, amplia la información sobre el concurso a celebrar el 15 de octubre:

Ratificando la noticia que en su día ofrecimos a nuestros lectores, con respecto a la regata de concurso de los botes "grandes", recibimos información que nos facilita el señor Palmes, en el sentido de que mañana se celebrará, como estaba prevista e incluida en el programa de los festejos de Nuestra Señora de La Luz, la regata de concurso con la participación del "Minerva", "Tomás Morales" y "Porteño". La salida se iniciará a las cuatro de la tarde desde el túnel y la meta se establece, como es tradicional, frente a la playa de las Alcaravaneras.

Por fin se verificó la regata entre los tres botes históricos, Poeta Tomás Morales, Porteño y Minerva, un hito que marcaría, como en otras ocasiones, el devenir del desarrollo organizativo y competitivo de los botes de vela latina. Este concurso por las fiestas de La Naval lo ganó el Morales, haciendo el recorrido en 1 h. 48 m. 14 segundos, tal y como reseñaba el periódico el Diario de Las Palmas el 16 de octubre de 1961:

Con mucho público —más del que se esperaba— se celebró ayer tarde, desde el Túnel de Telde el anunciado concurso entre los botes "Porteño", "Poeta Tomás Morales" y "Minerva", el cual había levantado mucha expectación, sobre todo por la actuación del "Poeta", el que en verdad no defraudó, su buen andar, tanto para afuera como para tierra, quedó patente y su tripulación estuvo siempre atenta en cuantas maniobras se hicieron. En resumen: gustó mucho la actuación de la nueva embarcación. Del "Porteño" solo diremos que Domingo Oramas, siempre atento a los recursos, realizó dos maniobras que le acreditan en el timón: la primera, su virada para tierra a la altura del túnel; y la segunda, alcanzar la meta sin necesidad de repiquetes. El "Minerva", como siempre; le dio la batalla al "Morales", sobre todo frente al teatro, en un pugilato que entusiasmó al numeroso público ya que a veces se igualaban las velas de ambos, en un codo a codo, por llegar primero a la baliza situada en el Muelle de Las Palmas; pero el buen caminar y la actuación de Gabriel Bruno, patrón del bote de San José, echó por tierra las ilusiones de Piteras, que estuvo siempre a la expectativa de lo que hacía su adversario, el que se alejaba considerablemente dejándolo a su estero y entrando primero en la mencionada baliza.[...]

Concurso del 15/10/1961. Morales, Minerva y Porteño. Fuente: Manuel Suárez Moreno

En la fotografía anterior que mostramos, podemos ver el inmenso número de aficionados que siguieron la regata durante todo el recorrido, muestra que la sociedad de Las Palmas de Gran Canaria no había olvidado las regatas de botes de vela latina y que seguía latente en la idiosincrasia de este pueblo.

Después de esa importantísima regata que supuso el principio del resurgimiento de los botes de vela latina, después de casi diecisiete años sin la celebración de regatas, los botes de más eslora vuelven a enfrentarse, como es el caso del Poeta Tomás Morales y Minerva que se enfrentan el domingo 22 de octubre con una victoria del Morales, como publicaba el Diario de Las Palmas el lunes posterior:

Ayer por la mañana pegaron desde el Túnel de Telde los dos botes arriba indicados, cuya regata había despertado enorme interés, ya que en el pasado concurso dejó en muchos espectadores la duda de que no era lo mismo estar sujetos a las balizas, que pegar "mano a mano", donde siempre los recursos son más ventajosos o perjudiciales. Respecto a esto podemos decir, que ayer, Piteras hizo lo que humanamente se puede; los buscó y rebuscó para aminorar la ventaja, que, desde la salida, el "Poeta Tomás Morales" le había sacado, quitándole el barlovento, casi a los cuatro minutos y que mantuvo en noble pugna hasta llegar a la meta, demostrando con ello que su constructor, don Juan Suárez, no se había equivocado. Su buen andar y la constancia de ser un magnífico bote dará mucho que hablar.

Después de esta regata pegarían el Poeta Tomás Morales y el Porteño, ganando este último la regata en cuestión, como constata el Diario de Las Palmas en su edición del día 30 de octubre de ese año:

Una prueba palpable de la enorme expectación que ha despertado este deporte fue la gran afluencia de público, que valiéndose de cuantos transportes tuvo a su alcance, acudió a la "Mar Fea" a presenciar la salida de estas dos magníficas embarcaciones, y la cual tuvo su fase de emoción desde su comienzo, ya que Domingo Oramas por considerarse perjudicado, o no, viró dos veces seguidas para tierra, para salir luego en la tercera. Hizo ayer el "Porteño" una regata magnífica, demostrando con ello, la duda que había dejado en el pasado concurso, cuando por avería, no dio todo el rendimiento que de él se esperaba. [...]

De esta manera acabó el año, con los tres botes históricos, Poeta Tomás Morales, Porteño y Minerva a pleno rendimiento, al mismo tiempo que los botes chicos hacían lo mismo, preparando el terreno para la explosión definitiva para volver a tener regatas de botes de vela latina oficiales.

El año 1962 comienza con una noticia capital para el futuro de la competición de los botes de vela latina y no es otra que la constitución del Club de Vela Latina de Las Palmas presidido por Juan Palmés Álamo. La Falange publica la noticia el 21 de febrero de este año:

Con la aprobación de la Federación Española de Clubs Náuticos y de la Delegación Nacional de Educación Física y Deportes, ha sido constituido oficialmente en nuestra capital el Club de Vela Latina de Las Palmas. Este, como entidad tal, queda autorizado para organizar regatas de botes a vela latina. Es de esperar que el citado Club de Vela Latina reciba de todos los aficionados al bello y típico deporte la máxima cooperación, con lo que se conseguirá su engrandecimiento.

A partir de este momento, el Club de Vela Latina, encabezado por Palmés, organizará las regatas de los botes de vela latina y la primera prueba para la nueva organización será el tradicional concurso de San Pedro Mártir, en el que tienen previsto participar tanto los tres botes de la serie A, Poeta Tomás Morales, Porteño y Minerva y los botes de la serie B, Alcorde, Paca, Juan Rejón y Perico I. Un concurso que contó con tres balizas, en Cardoso, San Cristóbal y muelle de Las Palmas, y fue ganador absoluto el Porteño y de la serie A, el Morales, según publicada el Diario de Las Palmas el 30 de abril.

Después de esta regata se siguen realizando pegas casadas, mientras que el Club de Vela Latina sigue buscando las herramientas para dotarse de las normas para organizar las distintas competiciones que se habían celebrado hasta el momento: campeonato y concursos.

La tarea no era fácil y tendrá muchas dificultades de ordenar unas competiciones que venían de muchos años sin celebrarse, aunque contaban con la experiencia que les proporcionaba algunas personas que estuvieron vinculadas a la desaparecida Sociedad de Regatas Ahemón.

Poco después, aparece un bote nuevo, el nuevo Perico que regateará en la serie A, como publicaba el Diario de Las Palmas el 14 de mayo de este año:

[...] Ayer efectuó sus primeras pruebas el bote "Perico", de la serie "A". Felicitamos a propietarios y tripulantes y deseamos mucha suerte en la empresa.

A este respecto, a medida que se van construyendo botes y se van añadiendo a la flota, surge el problema de la numeración. Todos sabemos que los botes actuales tienen una numeración que viene, justamente, de esta etapa. El Porteño tiene el número uno, el Minerva, el dos, el Poeta Tomás Morales, el tres y el Perico, el cuatro.

Lo razonable hubiera sido que la numeración hubiera seguido la antigüedad de los botes, por lo que el Morales tuviera el número uno, el Porteño, el dos, el Minerva, el tres y el Perico, el cuatro.

Según Agustín Valido Quintana, la razón de numerar de esta forma en esta nueva etapa, se debió a que Juan Palmés, que era del Porteño, se empeñó en ponerle el número uno al Porteño y al Minerva el número dos, argumentando que eran los dos únicos botes que se habían mantenido intactos desde los años treinta, mientras que el Poeta Tomás Morales se había construido nuevo.

Así que, a partir de esta etapa, los números se pondrán de forma correlativa a partir de los números de estos cuatro botes.

En junio de este año, comienzan las regatas oficiales organizadas por el Club de Vela Latina y lo hace con la celebración de un torneo eliminatorio para cada serie, en el que se enfrentan bote contra bote, a una sola vuelta y los vencedores de cada regata, se enfrentarán en la final de cada serie. Así lo publica el Diario de Las Palmas del 2 de junio:

Mañana día 3 comenzarán las competiciones oficiales organizadas por el Club de Vela Latina, celebrándose en primer lugar un torneo eliminatorio, de acuerdo al siguiente calendario:
Serie B:
Junio, 3, "Perico"-"Paca".
Junio, 17, "Juan Rejón"-"Alcorde".
Junio, 29, final entre los vencedores de cada regata.
Serie A:
Junio, 10, "Perico II-"Poeta Tomás Morales".
Junio, 21, "Porteño"-"Minerva".
Julio, 1, final entre los vencedores de cada regata.

La organización de este torneo eliminatorio, por parte del Club de Vela Latina, es un hito importante, porque es la primera competición oficial que organiza y de su buen desarrollo dependerá la evolución de las distintas competiciones que organice el club.

En esta eliminatoria, se sigue utilizando como procedimiento la salida a la aleta, como se deduce de lo publicado por el Diario de Las Palmas el 9 de junio:

En primera eliminatoria para el "Trofeo Bazar Sport" contenderán mañana, a las 11,30, los botes "Perico" y "Poeta Tomás Morales", de la serie "A", correspondiéndole al primero, por sorteo, la salida a barlovento. [...]

Una modalidad de salida que viene heredada de la etapa anterior, la de Ahemón, una modalidad que, a pesar de ser muy emocionante, dará muchos problemas a los jueces de regata y se terminará por desechar.

Esta eliminatoria, la gana el Poeta Tomás Morales en la serie A y el Juan Rejón en la serie B. Este formato, el de eliminatoria, se iría configurando a lo largo de esta década hasta llegar a convertirse en la competición que, hoy por hoy, conocemos.

El Club de Vela Latina sigue trabajando y organiza el primer campeonato de esta época, con el firme propósito de continuarlo en el tiempo. La fecha elegida para su comienzo es el 15 de julio de 1962, como así lo verifica el Diario de Las Palmas en su edición del día 13 de julio:

> *Para el domingo por la tarde, a las cuatro y media, hora señalada para el comienzo de las regatas y que será adelantada en treinta minutos, ya metidos en septiembre, por los naturales efectos de luz, tendremos el principio del Campeonato oficial 1962, con la participación de los botes "Porteño" y "Morales", y "Minerva" de la serie "A", y "Paca" y "Perico", de la serie "B", saliendo a barlovento los citados en primer lugar dentro de cada serie. [...]*
>
> *El calendario que regirá para el campeonato será el siguiente:*
> *15-7-62, "Porteño-"Morales", "Paca"-" Perico".*
> *22-7-62, "Perico"-"Minerva", "Alcorde"-"Juan Rejón".*
> *29-7-62, "Porteño"-"Perico", "Paca"-"Alcorde".*
> *5-8-62, "Morales "-"Minerva", "Perico"-"Juan Rejón".*
> *12-8-62, "Porteño"-"Minerva", "Perico"-"Alcorde".*
> *19-8-62, "Morales"-"Perico", "Paca-"-"Juan Rejón".*
> *Las fechas que se indican serán para la primera vuelta, siéndolo para la segunda vuelta 28-8-62, 2-9-62, 9-9-62, 16-9-62, 23-9-62, 30-9-62. Asimismo, los botes primeramente indicados saldrán a barlovento y se invertirá esta preferencia en la segunda vuelta.*
>
> *Las regatas se celebrarán de acuerdo con el Reglamento de la Unión Internacional de Regatas (I. Y. R. U.) y para la competición habrá las siguientes disposiciones especiales:*
> *Primera: Los campeones y Subcampeones de cada serie ganarán un trofeo. Segunda: Entre los botes concertantes se repartirá cuatro puntos, siendo tres para el ganador y uno para*

el vencido, siempre que llegue a la meta o no haya sido descalificado. Si pasara por el trance de no poder llegar a la baliza o fuera descalificado no ganaría ningún punto. Si los botes quedaran empatados, cosa muy difícil, se repartirían los puntos.

Tercera: La salida se efectuará a la hora indicada, haciéndolo primero la serie "B" seguida de la "A", cinco minutos más tarde, aproximadamente. Los botes deberán estar dispuestos un cuarto de hora antes de la iniciación de las regatas. En cuanto a la participación de los patrones, las cosas seguirán como estaban, es decir, un patrón de la serie "A" podrá 'llevar un bote de la serie "B" y viceversa [...]

Como podemos ver, este campeonato tiene una diferencia con los que se habían realizado hasta la fecha y es que se realizará a dos vueltas, quizás porque lo permite el número de botes, tres para cada serie y da mucho juego a los aficionados. Se sigue utilizando la modalidad de salida a la aleta, con el sorteo previo del barlovento para la primera vuelta y, en la segunda, se intercambiarán los puestos. En relación con la puntuación, ya se había utilizado en otras ocasiones y se seguirá manteniendo a lo largo del tiempo.

De esta manera el Poeta Tomás Morales se proclama campeón del primer campeonato organizado por el Club de Vela Latina y comienza una de las etapas más fructíferas que ha tenido la vela latina de botes y que ha llegado hasta el día de hoy.

Los puntos más importantes de esta etapa son los siguientes:

1. Los impulsores del resurgimiento, una vez más, son los propios dueños y aficionados de los botes, en los que destacan los botes de la serie B, como el Perico, el Breca, el Paca y el Alcorde y los botes de la serie A, Poeta Tomás Morales, Porteño y Minerva, apoyados por varios entusiastas entre los que destacan, Juan Palmés, Agustín Valido, Antonio Cabrera y Chanito Ceballos.

2. La creación del Club de Vela Latina, que se encargará de organizar las regatas de botes de vela latina hasta la creación de la Federación Canaria de Botes de Vela Latina, con Juan Palmés como presidente, Nicolás González, vicepresidente y Agustín Valido, secretario.

3. Se sigue utilizando la modalidad de salida a la aleta, previo sorteo del barlovento, que ya venía utilizándose en la etapa anterior.

4. En los concursos se retoman la utilización de las balizas, en Cardoso, San Cristóbal, en el muelle de Las Palmas y una última frente al antiguo Campo España que estaba situado en la sede actual del Gobierno de Canarias.

5. El campo de regatas para las dos competiciones, campeonato y concursos, sigue siendo el mismo utilizado desde los años treinta del siglo pasado, es decir desde el Túnel de la Laja hasta el Boyón de la Campana, situado en las inmediaciones de la playa de las Alcaravaneras.

BIBLIOGRAFÍA

ACCIÓN (1935). 21 de mayo. Las Palmas de Gran Canaria.

ACCIÓN (1936). 12 de abril. Las Palmas de Gran Canaria.

ACCIÓN (1936). 21 de abril. Las Palmas de Gran Canaria.

ACCIÓN (1936). 1 de julio. Las Palmas de Gran Canaria.

ACCIÓN (1937). 22 de marzo. Las Palmas de Gran Canaria.

CANARIAS TURISTA (1910). 1 de octubre. Las Palmas de Gran Canaria.

DEPORTES. EL SEMANARIO DE LOS MARTES (1953). 29 diciembre. Las Palmas de Gran Canaria.

DIARIO DE LAS PALMAS (1900). 09 de octubre. Las Palmas de Gran Canaria.

DIARIO DE LAS PALMAS (1901). 19 de octubre. Las Palmas de Gran Canaria.

DIARIO DE LAS PALMAS (1903). 27 de abril. Las Palmas de Gran Canaria

DIARIO DE LAS PALMAS (1903). 7 de mayo. Las Palmas de Gran Canaria

DIARIO DE LAS PALMAS (1904). 20 de julio. Las Palmas de Gran Canaria.

DIARIO DE LAS PALMAS (1905). 19 de julio. Las Palmas de Gran Canaria.

DIARIO DE LAS PALMAS (1905). 24 de julio. Las Palmas de Gran Canaria.

DIARIO DE LAS PALMAS (1906). 16 de junio. Las Palmas de Gran Canaria.

DIARIO DE LAS PALMAS (1906). 23 de junio. Las Palmas de Gran Canaria.

DIARIO DE LAS PALMAS (1906). 30 de julio. Las Palmas de Gran Canaria.

DIARIO DE LAS PALMAS (1906). 6 de julio. Las Palmas de Gran Canaria.

DIARIO DE LAS PALMAS (1907). 24 de julio. Las Palmas de Gran Canaria.

DIARIO DE LAS PALMAS (1907). 11 de noviembre. Las Palmas de Gran Canaria.

DIARIO DE LAS PALMAS (1908). 20 de junio. Las Palmas de Gran Canaria.

DIARIO DE LAS PALMAS (1908). 17 de julio. Las Palmas de Gran Canaria.

DIARIO DE LAS PALMAS (1908). 18 de julio. Las Palmas de Gran Canaria.

DIARIO DE LAS PALMAS (1908). 14 de agosto. Las Palmas de Gran Canaria.

DIARIO DE LAS PALMAS (1908). 16 de noviembre. Las Palmas de Gran Canaria.

DIARIO DE LAS PALMAS (1909). 5 de mayo. Las Palmas de Gran Canaria.

DIARIO DE LAS PALMAS (1909). 6 de mayo. Las Palmas de Gran Canaria.

DIARIO DE LAS PALMAS (1909). 7 de mayo. Las Palmas de Gran Canaria.

DIARIO DE LAS PALMAS (1909). 26 de junio. Las Palmas de Gran Canaria.

DIARIO DE LAS PALMAS (1909). 7 de agosto. Las Palmas de Gran Canaria.

DIARIO DE LAS PALMAS (1909). 9 de agosto. Las Palmas de Gran Canaria.

DIARIO DE LAS PALMAS (1909). 14 de agosto. Las Palmas de Gran Canaria.

DIARIO DE LAS PALMAS (1909). 6 de septiembre. Las Palmas de Gran Canaria.

DIARIO DE LAS PALMAS (1909). 25 de noviembre. Las Palmas de Gran Canaria.

DIARIO DE LAS PALMAS (1910). 25 de mayo. Las Palmas de Gran Canaria.

DIARIO DE LAS PALMAS (1910). 27 de mayo. Las Palmas de Gran Canaria.

DIARIO DE LAS PALMAS (1910). 04 de junio. Las Palmas de Gran Canaria.

DIARIO DE LAS PALMAS (1910). 12 de julio. Las Palmas de Gran Canaria.

DIARIO DE LAS PALMAS (1910). 19 de septiembre. Las Palmas de Gran Canaria.

DIARIO DE LAS PALMAS (1911). 7 de agosto. Las Palmas de Gran Canaria.

DIARIO DE LAS PALMAS (1911). 14 de agosto. Las Palmas de Gran Canaria.

DIARIO DE LAS PALMAS (1911). 7 de septiembre. Las Palmas de Gran Canaria.

DIARIO DE LAS PALMAS (1912). 30 de septiembre. Las Palmas de Gran Canaria.

DIARIO DE LAS PALMAS (1913). 30 de junio. Las Palmas de Gran Canaria.

DIARIO DE LAS PALMAS (1915). 9 de agosto. Las Palmas de Gran Canaria.

DIARIO DE LAS PALMAS (1919). 15 de septiembre. Las Palmas de Gran Canaria.

DIARIO DE LAS PALMAS (1922). 15 de septiembre. Las Palmas de Gran Canaria.

DIARIO DE LAS PALMAS (1922). 23 de octubre. Las Palmas de Gran Canaria.

DIARIO DE LAS PALMAS (1928). 31 de agosto. Las Palmas de Gran Canaria.

DIARIO DE LAS PALMAS (1931). 1 de septiembre. Las Palmas de Gran Canaria.

DIARIO DE LAS PALMAS (1934). 31 de marzo. Las Palmas de Gran Canaria.

DIARIO DE LAS PALMAS (1934). 30 de abril. Las Palmas de Gran Canaria.

DIARIO DE LAS PALMAS (1934). 16 de noviembre. Las Palmas de Gran Canaria.

DIARIO DE LAS PALMAS (1935). 18 de marzo. Las Palmas de Gran Canaria.

DIARIO DE LAS PALMAS (1936). 30 de abril. Las Palmas de Gran Canaria.

DIARIO DE LAS PALMAS (1936). 31 de agosto. Las Palmas de Gran Canaria.

DIARIO DE LAS PALMAS (1936). 10 de septiembre. Las Palmas de Gran Canaria.

DIARIO DE LAS PALMAS (1953). 17 de mayo. Las Palmas de Gran Canaria.

DIARIO DE LAS PALMAS (1957). 7 de septiembre. Las Palmas de Gran Canaria.

DIARIO DE LAS PALMAS (1958). 27 de noviembre. Las Palmas de Gran Canaria.

DIARIO DE LAS PALMAS (1960). 14 de julio. Las Palmas de Gran Canaria.

DIARIO DE LAS PALMAS (1960). 16 de julio. Las Palmas de Gran Canaria.

DIARIO DE LAS PALMAS (1960). 24 de septiembre. Las Palmas de Gran Canaria.

DIARIO DE LAS PALMAS (1961). 18 de agosto. Las Palmas de Gran Canaria.

DIARIO DE LAS PALMAS (1961). 4 de septiembre. Las Palmas de Gran Canaria.

DIARIO DE LAS PALMAS (1961). 7 de septiembre. Las Palmas de Gran Canaria.

DIARIO DE LAS PALMAS (1961). 16 de septiembre. Las Palmas de Gran Canaria.

DIARIO DE LAS PALMAS (1961). 16 de octubre. Las Palmas de Gran Canaria.

DIARIO DE LAS PALMAS (1961). 23 de octubre. Las Palmas de Gran Canaria.

DIARIO DE LAS PALMAS (1962). 30 de abril. Las Palmas de Gran Canaria.

DIARIO DE LAS PALMAS (1962). 14 de mayo. Las Palmas de Gran Canaria.

DIARIO DE LAS PALMAS (1962). 2 de junio. Las Palmas de Gran Canaria.

DIARIO DE LAS PALMAS (1962). 9 de junio. Las Palmas de Gran Canaria.

DIARIO DE LAS PALMAS (1962). 13 de julio. Las Palmas de Gran Canaria.

EL DEFENSOR DE CANARIAS (1933). 7 de septiembre. Las Palmas de Gran Canaria.

LA FALANGE (1937). 22 de abril. Las Palmas de Gran Canaria.

LA FALANGE (1939). 14 de julio. Las Palmas de Gran Canaria.

LA FALANGE (1939). 17 de julio. Las Palmas de Gran Canaria.

LA FALANGE (1939). 18 de julio. Las Palmas de Gran Canaria.

LA FALANGE (1939). 20 de julio. Las Palmas de Gran Canaria.

LA FALANGE (1939). 6 de agosto. Las Palmas de Gran Canaria.

LA FALANGE (1939). 20 de agosto. Las Palmas de Gran Canaria.

LA FALANGE (1939). 22 de agosto. Las Palmas de Gran Canaria.

LA FALANGE (1939). 30 de agosto. Las Palmas de Gran Canaria.

LA FALANGE (1939). 1 de octubre. Las Palmas de Gran Canaria.

LA FALANGE (1941). 19 de enero. Las Palmas de Gran Canaria.

LA FALANGE (1941). 5 de octubre. Las Palmas de Gran Canaria.

LA FALANGE (1942). 2 de agosto. Las Palmas de Gran Canaria.

LA FALANGE (1943). 10 de agosto. Las Palmas de Gran Canaria.

LA FALANGE (1944). 9 de mayo. Las Palmas de Gran Canaria.

LA FALANGE (1945). 6 de mayo. Las Palmas de Gran Canaria.

LA FALANGE (1945). 26 de agosto. Las Palmas de Gran Canaria.

LA FALANGE (1949). 26 de abril. Las Palmas de Gran Canaria.

LA FALANGE (1949). 13 de mayo. Las Palmas de Gran Canaria.

LA FALANGE (1954). 26 de mayo. Las Palmas de Gran Canaria.

LA FALANGE (1957). 19 de mayo. Las Palmas de Gran Canaria.

LA FALANGE (1957). 28 de agosto. Las Palmas de Gran Canaria.

LA FALANGE (1957). 30 de agosto. Las Palmas de Gran Canaria.

LA FALANGE (1957). 31 de agosto. Las Palmas de Gran Canaria.

LA FALANGE (1957). 3 de septiembre. Las Palmas de Gran Canaria.

LA FALANGE (1960). 31 de julio. Las Palmas de Gran Canaria.

LA FALANGE (1960). 18 de noviembre. Las Palmas de Gran Canaria.

LA FALANGE (1960). 10 de diciembre. Las Palmas de Gran Canaria.

LA FALANGE (1961). 3 de febrero. Las Palmas de Gran Canaria.

LA FALANGE (1961). 7 de abril. Las Palmas de Gran Canaria.

LA FALANGE (1961). 15 de abril. Las Palmas de Gran Canaria.

LA FALANGE (1961). 20 de agosto. Las Palmas de Gran Canaria.

LA FALANGE (1961). 12 de octubre. Las Palmas de Gran Canaria.

LA FALANGE (1961). 14 de octubre. Las Palmas de Gran Canaria.

LA FALANGE (1962). 21 de febrero. Las Palmas de Gran Canaria.

LA PROVINCIA (1911). 10 de julio. Las Palmas de Gran Canaria.

LA PROVINCIA (1911). 7 de agosto. Las Palmas de Gran Canaria.

LA PROVINCIA (1911). 9 de agosto. Las Palmas de Gran Canaria.

LA PROVINCIA (1911). 11 de agosto. Las Palmas de Gran Canaria.

LA PROVINCIA (1911). 18 de agosto. Las Palmas de Gran Canaria.

LA PROVINCIA (1911). 7 de septiembre. Las Palmas de Gran Canaria.

LA PROVINCIA (1912). 7 de agosto. Las Palmas de Gran Canaria.

LA PROVINCIA (1913). 27 de febrero. Las Palmas de Gran Canaria.

LA PROVINCIA (1914). 30 de julio. Las Palmas de Gran Canaria.

LA PROVINCIA (1922). 29 de agosto. Las Palmas de Gran Canaria.

LA PROVINCIA (1923). 26 de mayo. Las Palmas de Gran Canaria.

LA PROVINCIA (1931). 9 de octubre. Las Palmas de Gran Canaria.

LA PROVINCIA (1931). 20 de octubre. Las Palmas de Gran Canaria.

LA PROVINCIA (1931). 8 de diciembre. Las Palmas de Gran Canaria.

LA PROVINCIA (1931). 16 de diciembre. Las Palmas de Gran Canaria.

LA PROVINCIA (1932). 12 de abril. Las Palmas de Gran Canaria.

LA PROVINCIA (1932). 29 de abril. Las Palmas de Gran Canaria.

LA PROVINCIA (1932). 25 de mayo. Las Palmas de Gran Canaria.

LA PROVINCIA (1932). 10 de junio. Las Palmas de Gran Canaria.

LA PROVINCIA (1932). 23 de junio. Las Palmas de Gran Canaria.

LA PROVINCIA (1932). 8 de agosto. Las Palmas de Gran Canaria.

LA PROVINCIA (1932). 8 de septiembre. Las Palmas de Gran Canaria.

LA PROVINCIA (1933). 14 de marzo. Las Palmas de Gran Canaria.

LA PROVINCIA (1933). 4 de abril. Las Palmas de Gran Canaria.

LA PROVINCIA (1933). 11 de abril. Las Palmas de Gran Canaria.

LA PROVINCIA (1933). 25 de abril. Las Palmas de Gran Canaria.

LA PROVINCIA (1933). 10 de julio. Las Palmas de Gran Canaria.

LA PROVINCIA (1933). 3 de septiembre. Las Palmas de Gran Canaria.

LA PROVINCIA (1933). 24 de octubre. Las Palmas de Gran Canaria.

LA PROVINCIA (1933). 8 de noviembre. Las Palmas de Gran Canaria.

LA PROVINCIA (1934). 6 de abril. Las Palmas de Gran Canaria.

LA PROVINCIA (1934). 28 de abril. Las Palmas de Gran Canaria.

LA PROVINCIA (1934). 22 de mayo. Las Palmas de Gran Canaria.

LA PROVINCIA (1934). 30 de mayo. Las Palmas de Gran Canaria.

LA PROVINCIA (1934). 24 de junio. Las Palmas de Gran Canaria.

LA PROVINCIA (1934). 14 de julio. Las Palmas de Gran Canaria.

LA PROVINCIA (1934). 5 de agosto. Las Palmas de Gran Canaria.

LA PROVINCIA (1934). 12 de agosto. Las Palmas de Gran Canaria.

LA PROVINCIA (1934). 9 de septiembre. Las Palmas de Gran Canaria.

LA PROVINCIA (1934). 15 de noviembre. Las Palmas de Gran Canaria.

LA PROVINCIA (1935). 15 de marzo. Las Palmas de Gran Canaria.

LA PROVINCIA (1935). 13 de abril. Las Palmas de Gran Canaria.

LA PROVINCIA (1935). 23 de abril. Las Palmas de Gran Canaria.

LA PROVINCIA (1935). 30 de abril. Las Palmas de Gran Canaria.

LA PROVINCIA (1936). 12 de abril. Las Palmas de Gran Canaria.

LA PROVINCIA (1936). 16 de mayo. Las Palmas de Gran Canaria.

LA PROVINCIA (1936). 19 de mayo. Las Palmas de Gran Canaria.

LA PROVINCIA (1936). 23 de junio. Las Palmas de Gran Canaria.

LA PROVINCIA (1936). 9 de julio. Las Palmas de Gran Canaria.

LA PROVINCIA (1936). 14 de julio. Las Palmas de Gran Canaria.

LA PROVINCIA (1936). 16 de julio. Las Palmas de Gran Canaria.

LA PROVINCIA (1941). 9 de enero. Las Palmas de Gran Canaria.

LA PROVINCIA (1941). 29 de enero. Las Palmas de Gran Canaria.

LA PROVINCIA (1941). 17 de febrero. Las Palmas de Gran Canaria.

LA PROVINCIA (1941). 18 de febrero. Las Palmas de Gran Canaria.

LA PROVINCIA (1941). 22 de febrero. Las Palmas de Gran Canaria.

LA PROVINCIA (1941). 29 de marzo. Las Palmas de Gran Canaria.

LA PROVINCIA (1941). 18 de abril. Las Palmas de Gran Canaria.

LA PROVINCIA (1941). 30 de abril. Las Palmas de Gran Canaria.

LA PROVINCIA (1941). 23 de mayo. Las Palmas de Gran Canaria.

LA PROVINCIA (1941). 7 de junio. Las Palmas de Gran Canaria.

LA PROVINCIA (1941). 23 de junio. Las Palmas de Gran Canaria.

LA PROVINCIA (1941). 2 de agosto. Las Palmas de Gran Canaria.

LA PROVINCIA (1941). 27 de septiembre. Las Palmas de Gran Canaria.

LA PROVINCIA (1942). 29 de marzo. Las Palmas de Gran Canaria.

LA PROVINCIA (1942). 14 de abril. Las Palmas de Gran Canaria.

LA PROVINCIA (1942). 16 de mayo. Las Palmas de Gran Canaria.

LA PROVINCIA (1942). 9 de junio. Las Palmas de Gran Canaria.

LA PROVINCIA (1942). 14 de junio. Las Palmas de Gran Canaria.

LA PROVINCIA (1942). 16 de junio. Las Palmas de Gran Canaria.

LA PROVINCIA (1942). 7 de julio. Las Palmas de Gran Canaria.

LA PROVINCIA (1942). 16 de julio. Las Palmas de Gran Canaria.

LA PROVINCIA (1942). 4 de agosto. Las Palmas de Gran Canaria.

LA PROVINCIA (1942). 29 de agosto. Las Palmas de Gran Canaria.

LA PROVINCIA (1942). 6 de septiembre. Las Palmas de Gran Canaria.

LA PROVINCIA (1943). 17 de febrero. Las Palmas de Gran Canaria.

LA PROVINCIA (1943). 26 de abril. Las Palmas de Gran Canaria.

LA PROVINCIA (1943). 3 de julio. Las Palmas de Gran Canaria.

LA PROVINCIA (1943). 2 de agosto. Las Palmas de Gran Canaria.

LA PROVINCIA (1943). 27 de agosto. Las Palmas de Gran Canaria.

LA PROVINCIA (1943). 7 de septiembre. Las Palmas de Gran Canaria.

LA PROVINCIA (1944). 13 de abril. Las Palmas de Gran Canaria.

LA PROVINCIA (1945). 12 de mayo. Las Palmas de Gran Canaria.

LA PROVINCIA (1945). 16 de abril. Las Palmas de Gran Canaria.

LA PROVINCIA (1945). 11 de agosto. Las Palmas de Gran Canaria.

LA PROVINCIA (1945). 18 de agosto. Las Palmas de Gran Canaria.

LA PROVINCIA (1945). 27 de agosto. Las Palmas de Gran Canaria.

LA PROVINCIA (1945). 28 de agosto. Las Palmas de Gran Canaria.

LA PROVINCIA (1945). 3 de septiembre. Las Palmas de Gran Canaria.

LA TREGUA (1874). Número 11. 16 de abril. Las Palmas de Gran Canaria.

LEGAJO 1 (1876). Expediente 26, pág. 24. Archivo Histórico Provincial de Las Palmas.

LA PRENSA (1876). Número 127. 25 de abril. Las Palmas de Gran Canaria.

MENTADO GIL, JUAN ARMANDO (1989). Botes y barquillos de Vela Latina Canaria.

RODRÍGUEZ ZARAGOZA, JOSÉ DANIEL: «Apuntes de la historia marítima de Canarias» http://apuntesjdrz.blogspot.com/